« Et les âmes de ceux que tu as aimés
Errent avec les vents de leur pas léger »

P.B. Shelley
Hymne à l'esprit de la nature

Je dédie ce livre à tous les chats du monde.

Sommaire

Un Noël festif

Dehors, tout était calme et tranquille depuis que le vent était tombé, mais, à minuit passé, je ne dormais toujours pas dans le cottage de la Hulotte. Au bout du lit, sous la courtepointe en patchwork, je sentais peser le corps de Toby Jug, mon chat maine coon âgé de trois ans. Couché en travers de mes chevilles, il me tenait les pieds au chaud comme une bouillotte. Les nuits d'hiver, c'était sa position préférée pour dormir.

En cette troisième semaine du mois de décembre 1968, l'Alnwick College of Education où j'enseignais était fermé pour les vacances de Noël. Autrement dit, j'étais en congé jusqu'à début janvier. Particulièrement intense et chargé, le trimestre tout juste achevé m'avait épuisé. Pour autant, pas moyen de fermer l'œil. J'ai tendu une main pour ouvrir les rideaux de la fenêtre près du lit, afin de contempler le jardin sous les rayons de la demi-lune, dont les lueurs argentées faisaient naître des ombres au pied des arbres. Tout était immobile, mais, un peu plus tôt, j'avais entendu le cri d'une petite chouette dans un bosquet voisin.

Une petite faim m'a fait descendre à la cuisine. Je me suis préparé un sandwich de corned-beef à la moutarde, accompagné d'une tasse d'Earl Grey pour faire glisser. Sur le bord de l'assiette, j'ai déposé une petite tranche de viande sans condiment à l'intention de mon vieux compagnon. Comme escompté, ce dernier est apparu alors que je tisonnais les braises pour relancer la flambée. Où que j'aille, Toby Jug allait – dans toute la mesure du possible. Dans le cottage, nous étions inséparables. Les épaules emmitouflées dans une couverture de laine, je me suis pelotonné dans le fauteuil au coin du feu, paré pour mon festin de minuit. Mon chat aux yeux ensommeillés s'est alors hissé sur l'accoudoir pour fixer attentivement le regard sur moi. Comme toujours, je me suis senti obligé de lui fournir une explication.

— Je n'arrivais pas à dormir, Toby. Et j'avais faim. Je suis désolé de t'avoir réveillé, mais il y a un petit quelque chose pour toi.

J'ai fait tourner l'assiette de façon à amener la petite bouchée juste sous son nez. Il a bâillé à deux reprises, une manière de me faire comprendre qu'interrompre son sommeil, hormis en cas d'urgence, exigeait certains efforts, même pour une créature de la nuit comme lui. En rétribution de son sacrifice, il a consenti à accepter l'offrande.

Tandis que le feu pétillait joyeusement, nous avons mangé de bon appétit. Peu après, l'estomac bien calé et réconforté par la chaleur du feu et de mon thé, j'ai commencé à m'assoupir, avec un chat noir et blanc qui ronronnait de contentement sur les genoux. Comme le sommeil s'emparait doucement de moi, des souvenirs de Toby me sont revenus en mémoire, certains heureux et d'autres plus effrayants

– notamment cette nuit terrible où j'avais suivi des traces dans la neige pour trouver un chaton sur le point de devenir orphelin. Par la suite, j'avais soigné ce petit animal jusqu'à lui redonner la santé. Et, depuis lors, Toby Jug et moi vivions de fantastiques aventures.

L'un comme l'autre, nous étions encore jeunes. À bien des égards, nous en étions tous deux à trouver nos marques dans la vie. J'avais hâte de passer à l'année suivante, en me demandant quelles surprises les douze mois à venir nous réserveraient. Alors que je caressais le poil soyeux de Toby, j'ignorais encore à quel point l'année 1969 allait être exceptionnelle. Une année que je n'oublierais jamais.

Je me suis lentement réveillé, baigné par la sérénité du vieux cottage. C'était la maison que je m'étais choisie quand j'avais décroché un poste d'enseignement à l'établissement universitaire d'Alnwick. Solide bâtisse de pierre du village de West Thirston, elle avait été édifiée au début du XVIIIe siècle. Avec ses murs épais et son architecture un peu datée, elle avait un style à la fois rustique et pittoresque que je trouvais irrésistible. Elle était le foyer dont j'avais toujours rêvé. Fraîche en été, elle était aussi très chaleureuse en hiver, surtout avec une belle flambée dans le foyer ouvert. Depuis chacune de ses fenêtres, on découvrait un paysage d'arbres et d'arbustes à fleurs. J'adorais cet endroit. C'était mon paradis terrestre.

Tout à coup, j'ai été pris d'une subite envie d'aller marcher pour m'aérer l'esprit. Il faisait encore nuit, mais l'aube ne devait plus être bien loin. Dans tous les cas, goûter à la liberté de ne pas aller travailler ne pourrait que me faire le plus grand bien. Pendant que je m'habillais, Toby Jug est arrivé en courant dans la petite cuisine, réclamant son petit déjeuner d'un miaulement plaintif.

— On mangera plus tard, ai-je répondu. Après la promenade.

Nullement impressionné, il a continué de frotter sa tête contre ma jambe pour me faire savoir qu'il voulait sa nourriture sur-le-champ. En baissant les yeux sur sa silhouette fine et solide, j'ai ressenti une nouvelle fois le profond attachement qui m'unissait à mon petit chat adoré. Cédant à moitié, j'ai versé une poignée de croquettes dans sa gamelle.

— Voilà. Mais ce sera tout jusqu'à notre retour.

Toby Jug a accueilli mon décret avec un enthousiasme plus que modéré.

J'ai enfilé ma canadienne et attrapé mon bâton de marche. Toby a foncé vers la porte, la bouche encore pleine, mais bien trop inquiet de rester tout seul derrière. J'ai pris sa laisse et son harnais, accrochés à une patère. Pas question de le laisser divaguer dans le noir. À l'instant même où nous sortions, j'ai entendu la pendule sur le manteau de la cheminée sonner 6 heures. Cette vénérable pièce d'horlogerie était un souvenir précieux de ma grand-mère maternelle. Chaque semaine, je remontais soigneusement son mécanisme délicat. Le sol couvert de givre crissait sous mes semelles. Toby Jug marchait à petits pas prudents à mon côté, apparemment aussi heureux que moi d'être dehors dans l'air glacé. D'ordinaire, il tirait toujours d'un côté ou de l'autre, sur la piste d'une odeur justifiant un examen approfondi. Par mesure de prudence, je le tenais exceptionnellement en laisse courte. Comme nous longions la prairie du vieil âne de Willowbrook Farm – la « ferme du

Ru aux saules » –, j'ai aperçu la masse noire de Stag Wood – le « bois au Cerf » –, qui se profilait à l'horizon. Jusqu'alors, c'était la lune qui éclairait nos pas, mais les premiers rayons de l'aube nous révélaient à présent la campagne alentour. Nous avons fait une pause près du passage canadien, ce dispositif de confinement du bétail constitué de barres posées sur le sol et enjambant un vide. Je me suis appuyé contre l'échalier et Toby Jug a sauté sur la lisse à côté de moi pour me miauler au visage. Son impatience à poursuivre notre randonnée m'a fait glousser.

Le ciel s'éclaircissait. Une longue bande de lumière est apparue au niveau du sol pour illuminer les herbes folles et les ronciers à l'orée du bosquet. À chaque instant, l'air devenait plus clair, révélant mille détails du paysage sauvage. Comme la lueur s'insinuait dans le sous-bois, un premier oiseau a fait entendre son chant, bien vite rejoint par tout un chœur de trilles et de gazouillis. Homme et chat côte à côte, nous étions ravis et enchantés de l'instant que nous vivions. De mon point de vue, et en quelque saison que ce soit, rien ne surpasse le charme d'un bois anglais.

La joie au cœur, nous nous sommes enfoncés dans la forêt. Des lambeaux de brume humide s'accrochaient aux troncs des arbres, au pied desquels fourrageaient des musaraignes. Des chevreuils cherchaient eux aussi leur pitance pour la journée. Çà et là, nous sommes tombés sur des clairières ouvertes, où des restes d'herbe luisaient comme de la soie sous une pellicule de givre. C'était le domaine des lapins, dont les terriers formaient un monde à part entière sous la terre. Ce jour-là, ils étaient sortis en masse pour se nourrir à la fraîche – un signe de pluie indiscutable. En outre, les lapines pleines étaient affamées.

Des daims vigilants montaient la garde pour prévenir toute arrivée inopinée d'un blaireau ou d'un renard. Notre passage à bonne distance ne les a nullement alarmés. Toby Jug tirait sur sa laisse pour les rejoindre, mais je le retenais fermement près de moi. Je n'avais pas oublié ce qui s'était produit, à mon grand désarroi, le jour où il avait chassé des lapins au fond de leur terrier.

Finalement, de lourds nuages sombres sont venus masquer les rayons du soleil matinal. Nous avons poursuivi notre tour sous des bourrasques de pluie et de grésil mêlés qui détrempaient le sol. Toby Jug s'est arrêté pour secouer ses pattes, l'air suprêmement irrité. Ensuite, nous nous sommes attardés sous les frondaisons d'un grand saule qui nous offraient quelque abri. Une petite source murmurante alimentait l'étang voisin. En été, les cincles plongeurs venaient s'y régaler des larves d'éphémères, au milieu des flèches rouge et turquoise que formaient les martins-pêcheurs, qui, eux, plongeaient pour attraper des vairons. Au printemps, les tritons crêtés exhibaient leur parure nuptiale noire ponctuée de vermillon. Ce jour-là, bien sûr, ces dragons miniatures étaient invisibles. En fait, tandis que Toby Jug et moi sondions ses profondeurs, l'étang commençait à geler.

Sous la pluie, Toby commençait à avoir piètre allure. La situation ne lui convenait plus guère.

— Il va être temps de rentrer, Toby, ai-je annoncé, ce qui m'a valu un regard de remerciement.

Sur le chemin du retour, nous avons traversé une sapinière où cerfs et biches venaient souvent se reposer et cacher leurs faons. Surpris par notre arrivée, un écureuil s'est mis à siffler d'un ton agacé depuis son poste en hauteur. Nous allions d'un bon pas en pensant déjà au petit déjeuner qui nous attendait dans le confort de la maison. Ignorant les récriminations de la faune locale, Toby Jug a poursuivi sa route. Tête baissée, il avançait devant moi en vaillant petit soldat qu'il était.

Bientôt, nous sommes arrivés en vue du cottage. J'ai détaché la laisse de Toby pour qu'il puisse partir en tête. Quand je suis arrivé à la porte, il était sur l'appui de la fenêtre, trempé comme une soupe, occupé à se prodiguer une première toilette pour lisser son pelage.

À l'intérieur, j'ai attrapé mon chat tout mouillé pour le poser sur le plan de travail de la cuisine afin de le frictionner d'importance à l'aide d'une serviette que je réservais à son usage exclusif. Quand j'en ai eu fini, il ressemblait à une boule de poils tout ébouriffée. C'était un très joli chat en pleine santé, à la robe essentiellement noire, mais avec une tache blanche un peu en biais en travers de la face, qui lui conférait une expression interrogative. Son torse était orné d'une autre grande tache blanche qui lui remontait jusque sous le menton. Avec l'extrémité de ses quatre pattes toutes blanches, il avait l'allure soignée d'un dandy portant des guêtres. Propre comme un sou neuf, de nouveau sec et magnifique, il a bondi au sol, préoccupé de retrouver bien vite sa gamelle.

Dans une petite casserole, j'ai fait chauffer du lait bien crémeux venu de Jersey, reconnaissable à l'opercule doré sur la bouteille. Ensuite, j'ai émietté un biscuit dans l'écuelle de Toby. Avec un peu de lait chaud dessus, il allait avoir un en-cas délicieux, tel que je lui en préparais du temps où il n'était qu'un chaton anémique. Le reste du lait était destiné à mon café. Dans un placard, j'ai pris la bouteille de cognac offerte par le personnel de l'université, lors de notre petite fête de fin de trimestre. Une rasade généreuse du liquide doré allait faire des merveilles pour ramener ma température interne à un niveau acceptable.

Pendant ce temps, Toby Jug s'était mis à chanter – ou plus précisément à ronronner très fort – tout en se gobergeant de son fortifiant lacté. L'entendre m'a fait penser que la musique était exactement ce qu'il me fallait. *Ce soir, après dîner, j'écouterai du Verdi.*

De manière plus immédiate, il fallait que j'allume le feu et dispose les bougies dans le salon, où trônait la cheminée de pierre voûtée avec sa cuisinière à bois en acier, dotée de rebords en pierre pour y poser poêles et marmites. Une fois le feu lancé, sa chaleur se diffuserait dans toute la maison, pour la rendre douillette et chaleureuse. Ensuite, je préparerais un bouillon du Northumberland avec de l'orge, des poireaux, des oignons, des carottes, et quelques autres légumes que je trouverais au cellier, pommes de terre et lentilles corail, par exemple. Le tout cuirait lentement sur le rebord de pierre le long du foyer ouvert. Après six heures à feu doux, le résultat serait tout simplement divin.

Pendant que je menais à bien ces tâches, je me suis délecté du spectacle de Toby Jug qui s'amusait comme un petit fou avec l'une de ses balles rouges. Cela m'a rappelé un incident survenu au cours de sa première année de vie : l'affaire des tomates volées. Pour remplacer sa balle rouge perdue, il allait tranquillement se servir dans la serre de la voisine. La capacité à rebondir des fruits n'était pas spectaculaire, mais la couleur était la même.

— Après tout, un chat n'est jamais qu'un chat, ai-je murmuré pour moi-même. Et Toby Jug plus qu'aucun autre !

Après cela, je me suis décidé à aller chercher au grenier les décorations de Noël que j'y avais entreposées l'année précédente.

Le lendemain, j'irais faire des courses à Morpeth, et notamment acheter un petit sapin. Quelques branches de houx et de lierre récoltées dans le jardin achèveraient de donner à la maison un air de fête. Avec un arbre décoré devant la porte-fenêtre donnant sur la terrasse, une guirlande lumineuse multicolore au-dessus de la cheminée, et une multitude de bougies disséminées un peu partout, sans oublier une marmite de bouillon en train de mijoter au coin du feu, le cottage aurait définitivement revêtu ses atours de fête. Après cela, il ne manquerait plus qu'une belle oie à rôtir et une ample provision de ces tartelettes sucrées aux fruits secs qu'on sert pendant les fêtes et qu'on appelle *mince pies* en anglais. Pour faire bonne mesure, j'allais exhumer mon exemplaire d'*Un chant de Noël* de Dickens pour le relire devant le feu. Et mon bonheur serait complet.

Dehors, le ciel s'assombrissait, mais la mangeoire accrochée à la fenêtre recevait toujours la visite de très nombreuses mésanges bleues, mais aussi de chardonnerets, de moineaux affamés, de rouges-gorges, et même d'une sittelle. Tous ces oiseaux comptaient sur moi pour leur « pain » quotidien. Pour sa part, Toby Jug n'approuvait guère mes initiatives dans ce domaine. Il produisait d'étranges bruits de gorge chaque fois qu'il apercevait un oiseau de l'autre côté de la fenêtre.

Soudain, un bruit à la porte de derrière a éveillé mon attention. Toby Jug, qui l'avait entendu lui aussi, a interrompu sa partie pour fixer un regard attentif sur le couloir. J'ai ouvert et trouvé un lièvre dodu accroché à la poignée. Du coin de l'œil, j'ai saisi un mouvement fugace au fond du jardin, une silhouette coiffée d'une casquette et le cou emmitouflé dans une écharpe, escortée par un lurcher noir efflanqué et haut sur pattes. J'ai immédiatement compris : c'étaient à Tom et son chien que je devais le présent de cette pièce de gibier.

Nous n'avions à proprement parler jamais fait connaissance. D'ailleurs, c'était tout juste si nous échangions quelques mots à l'occasion, mais il m'acceptait en tant que personne qui sait ne pas se mêler des affaires des autres. Notre première rencontre s'était produite une nuit où je me promenais avec Toby Jug. Le long de la rive du fleuve Coquet, nous étions tombés sur un homme occupé à attraper des saumons dans un trou d'eau à l'aide d'une gaffe. Positionné comme il l'était au milieu de courant, difficile de ne pas le voir. Nos regards s'étaient croisés et je lui avais souhaité la bonne nuit, quelque peu abruptement, pressé de quitter les lieux.

En y réfléchissant, j'avais compris qu'il devait s'inquiéter que je le dénonce aux gardes-pêches. Condamné, il encourait une lourde amende, voire une peine de prison. La pêche aux saumons rapportait gros, toutes ces ressources étant le monopole du propriétaire – le duc de Northumberland. En réalité, je n'avais aucunement l'intention de révéler ses activités délictueuses. Les pratiques ancestrales telles que le braconnage ne font qu'apporter une petite touche supplémentaire à une communauté rurale.

Depuis cet épisode, quand nous nous croisions, il me manifestait le plus grand respect. Manifestement, il connaissait mon nom, puisqu'il me saluait en m'appelant « DoC », en référence à mes initiales bien plus qu'à mon titre universitaire. Un jour, il m'avait dit qu'il s'appelait Tom, qu'il vivait dans un cottage au milieu des bois et qu'il proposait à l'occasion ses services d'homme à tout faire dans le village. De temps à autre, il me laissait une truite ou un couple de cailles, à titre de geste amical. Ou un lièvre, comme ce soir-là. Au printemps, il n'était pas rare que je trouve une demi-douzaine d'œufs de faisan à double jaune, avec lesquels je confectionnais de délicieuses omelettes. C'était son frère, employé sur le domaine ducal, qui les lui donnait.

Le respect et la confiance qu'on inspire sont des sentiments qui ne s'oublient pas dans un petit village. J'ai suspendu le lièvre dans mon cellier et, au nouvel an, nous avons mangé un délicieux civet, grâce à Tom et son chien.

Le lendemain matin, je suis parti faire ma tournée de courses. À sa grande déception, Toby n'était pas de la partie. De fait, j'envisageais de devoir aller jusqu'à Newcastle-upon-Tyne, où il n'aurait probablement pas été en sécurité enfermé seul dans la voiture. Dans le rétroviseur, j'ai vu sa petite silhouette en haut du vieux pommier qui me regardait disparaître sur la route. Je savais que mes absences lui pesaient, mais il comprenait bien que j'allais revenir. Je me suis promis de me faire pardonner le soir venu.

Courir les magasins à quelques jours de Noël est toujours une aventure trépidante, mais je dois bien reconnaître que j'adore l'ambiance festive des lumières et des chants de Noël. Ça remonte le moral face au mauvais temps.

Après une journée entière dans les boutiques, j'étais paré pour rentrer. J'avais acheté une oie énorme prête à enfourner chez un volailler du Grainger Market, le grand marché couvert de Newcastle. Comme j'avais récemment été promu à la direction de mon département, je pouvais m'autoriser quelques extras. J'ai donc fait un certain nombre d'emplettes spécifiquement destinées à embellir la maison, des bougies colorées pour l'essentiel, mais aussi quelques disques de musique classique. Sheila Nutley, la responsable du département musique à l'université, m'avait offert un enregistrement d'une œuvre de Tchaïkovski pour Noël, une manière de contrebalancer ce qu'elle appelait mon côté « macho ». J'entendais bien l'impressionner par mes connaissances en matière d'opéra au prochain trimestre.

Par ailleurs, j'avais un petit secret. Dans l'un des placards du haut de la cuisine, que je m'étais enfin décidé à nettoyer, j'avais trouvé un vieux livre de recettes du XVIIIe siècle. On y décrivait notamment comment cuire une oie à la mode anglaise la plus traditionnelle, une méthode que j'avais bien sûr décidé d'appliquer. Comme il me fallait pour cela certains ingrédients introuvables à Newcastle, j'allais devoir faire un tour à Rothbury où, disait-on, se trouvait l'une des meilleures boucheries du monde. J'étais sûr d'y dénicher ce que je voulais et Toby allait adorer cette petite virée.

Toby Jug est apparu comme par magie dans l'allée à l'instant même où la voiture arrivait. Pendant que je transportais les paquets, il s'est fait un devoir de renifler chacun d'eux avec la plus grande circonspection. La recette de l'oie à l'ancienne avait si bien enflammé mon imagination que je voulais fêter Noël au cottage comme on le faisait par le passé. Cette idée avait un petit quelque chose « à la Dickens » de passablement excitant.

Pendant que je m'octroyais une revigorante tasse de thé, accompagnée d'un petit sandwich œuf dur et cresson, Toby Jug se régalait d'une assiette de foies de volaille. Après cela, je me suis lancé dans les préparatifs. Tout d'abord, j'ai allumé un feu et passé quelques instants agenouillé devant les flammes pour le plaisir de goûter sa chaleur. Unique source de chauffage de la maison, à l'exception d'un petit radiateur électrique d'appoint, le vénérable foyer de pierre était aussi et surtout l'âme et le cœur de notre cottage. Si je dis « notre », c'est bien évidemment parce que Toby Jug partageait ma vie dans ce lieu, qu'il illuminait par sa seule présence. Rassasié, il m'a rejoint devant l'âtre pour se chauffer à mon côté.

Peu après, j'avais assemblé assez de bric-à-brac pour créer l'atmosphère de Noël que je voulais. Le petit sapin trônait dans son pot devant la baie vitrée de la terrasse. J'avais réussi à me persuader que quelques guirlandes et boules étincelantes lui donnaient un style élégant. J'espérais qu'il survive à deux semaines passées à l'intérieur, de façon que je puisse le replanter dans le jardin. Ensuite, j'ai préparé tous les ingrédients pour un bouillon, que j'ai mis à mijoter dans une marmite ventrue posée au coin du feu. C'est en rangeant le bûcher que j'étais tombé sur cet ustensile en fer aux allures de chaudron de sorcière. À présent, il ne quittait plus le foyer, où il servait à confectionner des ragoûts somptueux. Une fois prête, ma soupe tiendrait plusieurs jours et constituerait un remontant idéal pour les grands froids à venir. Après cela, j'ai disposé les bougies dans toute la pièce.

Plus tard, pour mon dîner, je me suis préparé un bon gros steak, avec une écrasée de pommes de terre et des petits pois. Pendant que je mangeais, Toby m'a joué son rôle habituel de petit mendiant, jusqu'à ce que je lui donne un petit morceau de viande. Un simple geste en témoignage de mon affection pour lui. J'ai quand même fait semblant de le réprimander pour sa gourmandise, mais c'était bien sûr très ironique. Dans son esprit, ce qui était bon pour moi devait l'être aussi pour lui – une règle d'or dont il ne s'est jamais écarté. Après tout, j'étais sa seule et unique famille. Il n'avait connu personne d'autre dans sa vie de chaton, ni eu de mère pour le guider et lui servir de modèle. Le moindre de mes gestes représentait pour lui une étape dans son apprentissage vers la maturité.

Confortablement installé dans mon fauteuil devant l'âtre, j'ai enfin pu savourer le fruit de mes efforts pour créer une atmosphère chaleureuse et confortable dans la pièce. Le rougeoiement des flammes et les douces lueurs des bougies s'associaient comme un charme, formant une image enchanteresse revenue du passé. La veille, je m'étais couché tôt pour rattraper le sommeil perdu, mais ce soir-là j'entendais bien aller à l'opéra. J'ai choisi le disque du *Rigoletto* de Verdi. Tandis que la musique emplissait la pièce, Toby Jug somnolait devant le feu.

Quand le rideau est tombé, les mélodies résonnaient encore dans mon esprit. Autant dire que je n'avais aucune envie d'allumer ma petite radio. Au demeurant, comme tout n'était que sinistrose et fatalisme sur les ondes, je commençais à prendre ce média en grippe. Peut-être était-ce une réminiscence de mon enfance pendant la Seconde Guerre mondiale, quand tout le monde était terrifié par les nouvelles que nous rapportait la BBC.

Pendant tous les hivers que Toby Jug a passés à mon côté au cottage de la Hulotte, combien d'instants tranquilles tel que celui-ci n'avons-nous pas partagés ? Le nouvel an approchant, je savais que le souvenir d'une certaine nuit enneigée de janvier 1966 allait m'occuper l'esprit. Jamais je ne pourrais oublier ces instants dramatiques quand j'avais porté secours à une chatte argentée et ses deux chatons.

C'était cette nuit-là qu'une créature minuscule était entrée dans ma vie pour la changer à jamais.

Le lendemain, nous sommes partis sur la route de campagne sinueuse menant à Rothbury. Malgré le temps humide et maussade, la balade a été agréable, surtout quand un rayon de soleil pointait le bout de son nez, pour bien peu de temps malheureusement. La boutique du boucher était pleine à craquer. Néanmoins, mon tour a fini par arriver et je n'ai pas été déçu. J'ai trouvé exactement ce que je voulais : un beau coquelet, une grosse perdrix entière, non plumée, une demi-douzaine de saucisses de venaison et un pot de graisse de canard.

Mon retour à la voiture avec un sac plein à ras bord a lancé Toby dans une véritable danse de Saint-Guy tant il était excité. Mais il me restait encore une course à faire qui allait lui plaire davantage encore : un *fish and chips* pour notre déjeuner. Le long de la rivière, nous nous sommes arrêtés pour partager cette merveille. Toby a avalé un poisson frit débarrassé de sa panure pendant que j'en mangeais un autre, avec des frites et des petits pois un peu ramollos mais absolument délicieux. Tout en dégustant notre repas, nous contemplions les évolutions des canards et des cygnes sur la rivière. J'ai même aperçu un rat d'eau qui furetait dans la roselière.

Sur la route, je me suis rendu compte que le temps était sur le point de changer. Plus le moindre rayon de soleil à présent. Rien d'autre que des nuages filant follement dans le ciel et un vent furieux emportant les dernières feuilles des arbres pour les disperser sur la route. Au moment où nous arrivions aux abords de la maison, la neige a commencé à tomber en abondance. Quand je suis descendu de la voiture, un vol de freux regagnait en coassant sa colonie dans les pins de l'autre côté de la route longeant notre jardin. Du côté des monts Cheviot, le ciel s'obscurcissait rapidement. Néanmoins, on pouvait encore discerner la calotte de neige sur les sommets. Le mauvais temps nous a poussés à rentrer, mais j'ai encore pris le temps de contempler quelques instants le paysage en train de changer par la fenêtre de la véranda. D'un bond, Toby est venu s'installer sur l'appui de la fenêtre et, pareillement hypnotisés, nous avons regardé la neige qui transformait notre jardin en une étendue sauvage et glacée. Je me suis souvenu d'un fait étonnant appris en cours de physique : chaque flocon de neige a une taille et une forme unique. Une des merveilles de la nature.

— Est-ce que ce n'est pas merveilleux ? ai-je demandé.

Toby a agité la queue pour me répondre affirmativement. Les premières neiges sont toujours un spectacle particulier, même pour les chats.

Dans le salon, j'ai relancé la flambée et nous nous sommes blottis devant la cheminée. Pour la première fois de l'hiver, j'ai remarqué que Toby Jug et moi frissonnions de froid. À n'en pas douter, c'était un avant-goût de ce qui nous attendait. Quoi qu'il en soit, notre tournée du jour avait été des plus fructueuses. Le lendemain, Toby Jug apprécierait à coup sûr l'opération consistant à plumer la volaille. J'espérais qu'il en aille de même pour moi, puisque ce serait une première. En feuilletant les pages jaunies du vénérable livre de recettes, j'avais noté un titre à l'encre un peu passée : « Un repas de Noël jacobéen ». Si tout se passait bien, j'avais la conviction que mon chat et moi allions faire un repas de rois.

J'ai décidé de plumer les volailles sur la terrasse, dans la partie protégée de la neige par l'avancée de toit de la véranda. Comme l'opération promettait d'être synonyme de désordre, je préférais éviter de mettre des plumes partout dans la maison. Bien sûr, je me doutais que Toby Jug pourrait se révéler être un facteur de perturbation dans ce processus. Et je n'avais pas tort. En revanche, j'avais sous-estimé l'ampleur du chaos que son comportement pourrait provoquer.

Le lendemain matin, donc, je me suis installé sur un petit tabouret de bois, après avoir déposé les deux volailles sur le mur du jardin à côté de moi. Tout ébahi, Toby Jug ne savait pas au juste à quoi s'attendre. Dès que j'ai commencé à arracher les plumes, il s'est mis à courir après toutes celles qui voletaient. Le tas à mes pieds a rapidement pris du volume, ce qui l'a incité à se jeter dedans comme un petit fou, pour mieux bondir ensuite sur le duvet folâtre et se rouler dessus, en proie à une intense frénésie. Puis de recommencer la seconde suivante avec une vigueur renouvelée. En moins de temps qu'il n'en faut pour le dire, il avait des plumes plein la bouche, d'autres coincées entre ses griffes et d'autres encore un peu partout sur le corps. Imaginer le calmer avait tout d'une gageure.

Mais toute médaille a son revers. Tout à coup, il s'est mis à éternuer et tousser, avant d'être saisi d'une quinte qui ressemblait fort à un étouffement. Des plumes lui étaient restées coincées dans le gosier. Je l'ai attrapé par la peau du cou, puis, deux doigts plongés dans sa gorge, j'ai retiré les petites touffes de duvet qui lui bloquaient les voies respiratoires.

— Tu joues les petits chats stupides, tu ne crois pas ?

Trempé jusqu'aux os de s'être roulé tant et plus dans la neige, il était vraiment dans un piteux état. À présent que sa bouche était dégagée, il m'a semblé qu'il ne restait plus qu'une chose à faire : lui donner un bain. J'ai rempli d'eau chaude le grand bac de l'évier de pierre de la cuisine, ajouté quelques gouttes d'un shampoing doux, et y ai plongé l'animal pour le frictionner énergiquement.

Deux grandes serviettes ont été nécessaires pour le sécher, plus un passage au sèche-cheveux. Même réglé au minimum, le flux d'air chaud sur son corps l'indisposait prodigieusement. Un peu plus d'une heure plus tard, j'ai enfin pu reprendre ma tâche, avec en bruit de fond les gémissements incessants d'un certain petit chat collé à la fenêtre de la cuisine, qui brûlait d'être autorisé à ressortir.

J'ai passé trois heures à plumer et nettoyer les volailles, mais j'en suis venu à bout. Les bêtes étaient prêtes à passer au four. Ensuite, j'ai balayé et ramassé les plumes dans un baquet, que j'ai rangé dans le bûcher. Au printemps, je le ressortirai pour que les oiseaux viennent y puiser des matériaux de construction pour leur nid.

Fâché d'avoir été enfermé une bonne partie de l'après-midi, Toby Jug faisait la tête. Mais, dès que le feu a été lancé et que je suis passé à la préparation du repas, il a retrouvé sa belle humeur. J'ai pris le temps de le caresser et le câliner, pour qu'il sache bien que tout était au mieux entre nous.

Nous avons dîné devant le feu. Avec un estomac bien rempli, il n'y a pas de meilleur auxiliaire qu'une bonne flambée pour faire venir le sommeil. La journée avait été bien remplie et nous étions tous deux épuisés. Le lendemain était le jour du réveillon. Il me restait encore à cuire les volailles. J'ai laissé la marmite de bouillon qui mijotait sur le coin du feu pour m'engager dans l'escalier en direction de la chambre, précédé par Sa Majesté Toby en personne. Peu après, nous avions gagné d'un même pas le pays des rêves.

Le bruit d'un grattement à la fenêtre de la chambre m'a réveillé. C'était Toby Jug qui tentait de voir quelque chose de l'autre côté du carreau gelé. Parfois, il parvenait à dégager une petite surface en la léchant, mais le givre était trop épais ce matin-là. La température avait fait une chute vertigineuse au cours de la nuit. Toutes les fenêtres de la maison étaient ornées de fleurs de glace, à l'exception de celles du salon, où les dernières braises dispensaient encore un peu de chaleur.

Je me suis bien vite habillé dans la chambre, enfilant un gros pull supplémentaire par-dessus mon col roulé en laine d'agneau et mon maillot de corps. En hiver, le climat du Northumberland impose de bien se couvrir, surtout dans un cottage dépourvu de chauffage central.

Relancer le feu n'a pas été difficile. En effet, le premier passage du tisonnier avait mis au jour de nombreux brandons encore rougeoyants. Avant de recharger le foyer fermé en bûches, j'ai mis trois pelletées de charbon sur un lit de petit bois. Quand le tout a bien pris, j'ai refermé la grille en place et poussé les boulets incandescents contre la paroi de l'énorme four latéral dans lequel j'allais cuire les volailles. Outre le fait que le petit modèle électrique de la cuisine n'avait pas une capacité suffisante pour l'oie, je voulais cuisiner mon repas de Noël de façon traditionnelle, selon la méthode qu'employaient tous ceux qui avaient vécu dans le cottage avant moi. Après cela, j'ai ajouté quelques bûches bien sèches de bois dur. Une douce chaleur n'a pas tardé à chasser le froid de tous les recoins de la maison.

Pendant tout ce temps-là, Toby Jug n'avait cessé de me harceler pour que je lui serve son petit déjeuner. C'était la priorité absolue à son ordre du jour personnel. J'ai fait de mon mieux pour l'ignorer, puisque j'avais l'intention de frire un peu plus tard une pleine poêle de saucisses de venaison et de morceaux de pain. Au bout d'un moment, il a fait silence, mais en prenant la précaution de ne pas me quitter d'une semelle, dans l'éventualité où je me risquerais à aller manger sans lui, en cachette dans un coin.

Dans un air ambiant devenu chaleureux, j'ai décidé d'écouter quelques chants de Noël interprétés par le chœur du King's College de Cambridge. C'est donc sur l'un de mes airs préférés, le classique *In the Bleak Midwinter*, que j'ai cuit les charcuteries, à la graisse de canard pour exhaler toutes leurs saveurs. À l'extérieur, le paysage avait des allures polaires. En dépit des fréquentes chutes de neige, les moineaux et les pinsons exécutaient un spectaculaire ballet aérien, plein de fougue et de frénésie, autour de la mangeoire.

Nous avons déjeuné sur la petite table de la cuisine. Toby Jug a eu droit à deux saucisses, que je lui ai coupées en petits morceaux dans son assiette posée en face de moi. C'était ainsi que nous avions l'habitude de manger les jours où je n'étais pas tenu de foncer au travail. Si cette configuration nous était familière, je conçois qu'un visiteur aurait pu s'en étonner. Pour ma part, j'ai mangé quatre saucisses, accompagnées de deux petits pains coupés en deux et frits dans la graisse de canard jusqu'à ce qu'ils soient bien croustillants. Une grande tasse d'Earl Grey a parachevé l'ensemble. Pendant que je débarrassais, Toby est allé faire un tour dans le jardin. J'ai profité de son absence pour préparer les volailles.

Après les avoir soigneusement rincées toutes les trois, à l'extérieur comme à l'intérieur, j'ai suivi à la lettre les instructions du vieux grimoire de recettes. Pour commencer, j'ai introduit la perdrix à l'intérieur du coquelet, puis rabattu la peau de ce dernier pour le refermer hermétiquement, la maintenant en place à l'aide de cure-dents. Après cela, j'ai massé la peau du coquelet au jus de citron pour l'assouplir, puis glissé celui-ci à l'intérieur de la carcasse de l'oie, que j'ai scellée à son tour, selon la même méthode que précédemment. Les volailles étaient fin prêtes pour le four.

J'ai déposé l'oie dans un grand plat à rôtir, entourée de pommes de terre. Sous l'effet de la cuisson, la graisse de la bête viendrait les napper. Dans une sauteuse métallique, j'ai mis un assortiment de légumes – carottes, choux de Bruxelles, panais et une poignée de grosses fèves que j'avais mises de côté après la récolte de l'automne –, couvert d'eau salée à mi-hauteur. Je ne m'étais pas donné la peine de confectionner un pudding de Noël, préférant acheter un diplomate aux cerises confites à la pâtisserie du village. Mon repas était prêt et tout était en ordre. Je pouvais enfin souffler un peu. *Ce soir, je prends un bol de bouillon*, songeais-je. *Toby pourra finir les foies de volaille qui sont au réfrigérateur.*

Tout à coup, j'ai entendu une série de miaulements plaintifs venus de l'extérieur. Ce ne pouvait être que mon chat bien-aimé de retour de sa virée. L'après-midi était déjà bien avancé et le ciel s'assombrissait. En ouvrant la porte à Toby, j'ai scruté l'horizon à la recherche du coucher de soleil. En vain. Je n'ai pas aperçu la moindre trace d'orange ou de rouge. J'ai alimenté le feu en bûches et charbon pour être sûr que le four serait bien chaud le lendemain matin. L'heure était venue d'allumer les bougies et de m'accorder un verre de merlot avec du corps pour célébrer l'esprit de Noël, puis d'écouter *Madame Butterfly*, l'opéra de Puccini.

C'est pendant le chœur à bouche fermée que j'ai remarqué un phénomène étrange : Toby Jug ronronnait en suivant le rythme de la musique. On sait que, pour composer cette œuvre précise, Puccini a puisé son inspiration dans le spectacle des roseaux ondulant sous la brise. À l'évidence, Toby trouvait qu'il avait fait du bon boulot. Au sommet de l'aria *Un bel dì*, une de mes pièces préférées, le ronronnement a repris de plus belle, fortissimo ! Sans doute la musique évoquait-elle pour Toby les milieux naturels qu'il aimait tant explorer. Ou alors il était tout simplement un chat exceptionnellement sensible à la musique. En tout cas, j'étais vraiment très fier de lui, au point que j'ai décidé de le lui dire une fois que le morceau serait fini.

Tandis que la voix de la soprano montait toujours plus haut, j'ai senti mes yeux s'embuer sous le coup de l'émotion. Ce n'était pas la première fois que cela m'arrivait avec Puccini. Il s'est alors produit quelque chose de remarquable. Sensible à mes sentiments, Toby Jug a quitté sa place sur mes genoux pour venir sur mon épaule et lécher tendrement les larmes qui me coulaient le long des joues. A-t-il jamais existé un autre chat tel que lui ? Un homme a-t-il déjà eu pour compagnon un animal aussi aimant ? À n'en pas douter, c'était la Providence qui l'avait mis sur mon chemin. Du moins, j'aimais le croire. J'étais littéralement fou de mon chat. En cet instant, pour moi, il était la chose la plus importante au monde.

Quand l'opéra a été fini, je suis resté assis un moment pour laisser la musique s'estomper doucement dans mon esprit. Plus tard, j'ai repris ma lecture d'*Un chant de Noël*, pour m'absorber dans l'atmosphère des fêtes à l'époque victorienne. Cela faisait à peine une demi-heure que je lisais quand on a frappé à la porte d'entrée.

Cette intrusion ne m'a pas dérangé. C'était une visite que j'attendais, celle de la chorale de l'église Saint-Michael de Felton, accompagnée de quelques enfants de l'école primaire du village, qui faisait une collecte pour les sans-abri. J'ai fait passer tout le monde derrière sur la terrasse, devant la véranda où j'avais préparé quelques douceurs : *mince pies* et biscuits au chocolat. Pour les adultes, j'avais aussi prévu du vin chaud, et pour les enfants une citronnade maison, réalisée selon la recette de ma grand-mère.

Les chanteurs se sont mis en formation dans l'air glacé, avec leurs traditionnelles lanternes accrochées au bout de bâtons munis de crochets, pour entonner un petit éventail de classiques de Noël. Toujours mondain, Toby Jug circulait parmi les artistes, s'adjugeant une caresse ici et une autre là. Ce chœur de voix délicates était un régal pour les oreilles, mais le chant final, *Douce nuit, sainte nuit*, a été tout particulièrement émouvant. En effet, à l'entame de la première mesure, de tout petits flocons légers se sont mis à tomber, comme pour apporter un supplément d'âme à la mélodie.

Cette visite m'a laissé un souvenir de Noël que je n'oublierai jamais. J'ai glissé deux pièces d'une demi-couronne dans leur tronc. C'était la plus belle prestation amateur que j'avais jamais entendue, elle méritait bien chacun de ces pennies. J'ai invité les chanteurs à gagner la chaleur de la véranda, où ils se sont restaurés. Ensuite, nous nous sommes mutuellement souhaité un joyeux Noël et une bonne année et ils sont repartis. Je suis resté sur le seuil quelques instants pour écouter encore leurs chants tandis qu'ils allaient par les rues du village. Puis l'air glacé m'a fait frissonner, de même que mon chat, consciencieusement assis à mes pieds. J'ai refermé la porte pour me remettre au chaud. La journée avait été exceptionnellement agréable. J'avais hâte d'être au lendemain.

Réveillé tôt, excité à la perspective des festivités, je me suis levé sans traîner. Un froid glacial régnait dans la chambre. Les fenêtres étaient couvertes de givre une fois de plus. J'étais donc bien aise de rejoindre les abords de la cheminée, où quelques braises luisaient encore. La flambée est vite repartie, ce qui signifiait que j'allais bientôt pouvoir cuisiner. Je me suis préparé un thé avec un toast recouvert de marmelade en couche épaisse. Quand j'ai eu fini, Toby Jug n'avait toujours pas paru. À peine m'étais-je fait cette réflexion qu'il pointait le bout de son nez pour aller se chauffer devant le fourneau, en se refaisant rapidement une beauté à petits coups de langue.

— Tu croyais bien avoir droit à une grasse matinée pas vrai ? ai-je demandé.

Il a levé vers moi un regard semblant dire : « Eh bien, il n'est que 6 heures du matin, le soleil est encore couché, à quoi bon se presser ? »

J'ai toujours parlé aux animaux et aux oiseaux, comme si mes paroles étaient parfaitement intelligibles pour eux. Dans le cas de Toby Jug, j'avais l'absolue conviction qu'il pouvait non seulement comprendre ce que je disais, mais aussi deviner mes pensées. De la même manière, j'avais le sentiment de pouvoir lire en lui.

J'avais prévu un petit tour surprise dans la matinée, mais l'heure ne me paraissait pas encore venue de lui en parler.

Avant tout chose, il fallait que je m'occupe du four. À mon grand contentement, il était aussi chaud qu'une rôtissoire. Satisfait, j'y ai enfourné mon plat déjà prêt, avant de refermer la lourde porte d'acier. J'imaginais sans peine que la viande n'allait pas tarder à grésiller.

Et maintenant, place à la balade! ai-je songé. Mais il a d'abord fallu que Sa Majesté Toby consente à se satisfaire d'une petite poignée de croquettes. En fait, ce que j'avais en tête, c'était une visite à la vieille église de Felton. Je savais qu'aucun service n'était prévu avant une heure plus avancée dans la journée, mais je ressentais le besoin, en cette journée particulière, d'y exprimer une pensée spirituelle qui me tenait à cœur. Ce moment de l'année paraissait effectivement des plus appropriés pour un retour sur ma vie. Réfléchir à la situation particulièrement favorable qui était la mienne à cette époque de mon existence me rendait d'humeur philosophe. Longtemps, j'avais été adepte du *carpe diem*. Profiter de l'instant était mon maître mot. Depuis trois ans, j'étais particulièrement heureux que le destin m'ait gratifié de la présence du chat que j'appelais Toby Jug. Combien de temps allais-je le garder? Je n'avais pas le pouvoir d'en décider, mais, en ce matin de Noël, j'éprouvais le désir profond de passer dans un lieu de culte pour exprimer ma gratitude à la Providence.

Je me suis garé devant les grilles de l'enceinte de l'église à l'instant où les premiers feux de l'aube s'allumaient dans le ciel. Toby m'a rejoint pour remonter avec moi le chemin enneigé menant jusqu'à l'édifice. La lourde porte de bois était verrouillée, mais je m'y étais attendu. Je me suis donc assis sur le banc de pierre sur un côté du porche et j'ai appelé Toby Jug pour le prendre sur mes genoux. Tête baissée en une posture méditative, j'ai dit une action de grâce silencieuse. Cela ne m'a pris qu'un instant, mais je me suis senti infiniment mieux après. J'ignorais alors tout des surprises, et parfois des difficultés, que l'année à venir allait me réserver, ni à quel point à la fin de celle-ci je serais encore plus reconnaissant d'avoir Toby à mon côté.

Ensuite, Toby et moi sommes allés derrière l'église de Saint-Michael où s'étendait une prairie plantée d'arbres. Comme je l'avais espéré, les oiseaux commençaient à arriver avec le jour. J'ai répandu des morceaux de pain que j'avais gardés pour l'occasion, en me délectant du spectacle offert par les merles et autres oiseaux chanteurs. En baissant les yeux, j'ai alors vu Toby qui se préparait mentalement à partir à l'assaut. C'était un tour qu'il aimait bien jouer aux oiseaux pour le simple plaisir de les voir s'envoler. Mais deux pies sont subitement arrivées pour parader et faire la loi autour de la nourriture. Toby Jug a paru reconsidérer ses options et se dire que la discrétion était un aspect de la bravoure injustement sous-estimé. Il a donc soigneusement ignoré les deux volatiles en habit, jusqu'à ce que l'un d'eux décide précisément de s'approcher. Tout à coup, Toby n'était plus certain d'être à l'aise. Il est venu chercher refuge derrière mes jambes.

— Certaines choses ne changent jamais, ai-je dit pour moi-même, en référence à la réaction de Toby face à deux canards le jour de son premier Noël.

Nous étions allés nourrir les oiseaux au lac de Bolam et il avait fini caché derrière moi. Pour lui, c'était l'endroit le plus sûr du monde. D'un pas tranquille, j'ai fini le tour de l'église pour revenir sur le chemin devant le porche. En plus de son élégance intrinsèque, la bâtisse dégageait une aura de mysticisme. Lentement, j'ai savouré la beauté du lieu et la sérénité du moment.

— Il va être temps d'y aller, ai-je dit à Toby.

Ensemble, nous avons regagné la voiture.

Le froid était si mordant même à l'intérieur de l'habitacle que le retour dans la douce chaleur du cottage a été un véritable soulagement. Une énorme masse de braises rougeoyait dans le foyer, tandis que de délicieuses odeurs de cuisine circulaient dans toute la maison. Après s'être d'abord réchauffé, Toby Jug a commencé à tourner dans la grande pièce, le nez levé et les yeux mi-clos pour mieux apprécier les arômes exotiques. Quand je l'ai vu sur le point de défaillir d'extase lorsque j'ai ouvert le four pour arroser l'oie, m'aurait-il été possible de ne pas rire ? La cuisson commençait à prendre une excellente tournure. Avant de repousser le plat au fond du four, j'ai prélevé une louche de graisse d'oie, que j'ai versée dans un petit pot de pierre.

Ravi de la façon dont les choses évoluaient, j'ai mis des chants de Noël en fond sonore pour contribuer à l'ambiance festive. D'après mes estimations, deux heures de cuisson étaient encore nécessaires avant que l'on puisse passer à table. En attendant, je suis allé m'installer dans la véranda pour regarder la neige et les oiseaux qui s'empiffraient des graines et boules de graisse que j'avais déposées sur la mangeoire. Pour moi, c'était un spectacle infiniment reposant. Mais, pour Toby, pas question de s'éloigner du four et de ses odeurs envoûtantes. Au demeurant, ce chat avait toujours été du genre frileux, capable bien plus que moi de rester tout près du feu. Avec les fumets, la chaleur devenait pour lui proprement irrésistible.

Pour finir, j'ai estimé que l'oie devait être cuite. Délicieusement fondants, les légumes étaient prêts à être servis. Avant d'entamer la découpe, j'escomptais laisser l'oie reposer un peu, mais la vue et l'odeur étaient si affolantes que je n'ai pu résister. J'ai donc prélevé deux grosses tranches de la chair brune, une pour moi et l'autre pour Toby Jug. Mais, ô surprise, il n'en a pas voulu. La couleur ou l'odeur lui convenaient peut-être moins que celles de la dinde ou du poulet. J'ai donc découpé deux tranches dans le blanc du coquelet – que j'avais pensé garder pour des sandwichs ou des dîners froids.

La graisse de l'oie avait rendu les volailles blanches moelleuses à cœur et juteuses à souhait. D'ailleurs, c'était très certainement l'objectif de la recette. Le repas a été un véritable succès. Nous avons repris chacun deux fois de nos morceaux préférés. Après cela, une bonne sieste devant le feu s'imposait.

Bien plus tard, dans la soirée, j'ai ouvert nos cadeaux : un nouveau coussin pour Toby Jug, ainsi que diverses gâteries dont j'étais certain qu'elles seraient appréciées. Quant à moi, j'ai eu droit à un pull de la part de ma mère, et à une bouteille de chartreuse verte de la part de Madeleine – Maddy – ma petite amie du moment, présentement détachée pour une année dans une université américaine. Avant d'aller me coucher, je me suis octroyé un sandwich à l'oie et à la moutarde, un café crème et un verre de chartreuse. En plus d'un peu de coquelet, Toby a dégusté une soucoupe de lait chaud allongé d'huile de foie de morue pour renforcer ses défenses. J'ai chargé l'âtre pour que le feu dure jusqu'au matin et nous sommes allés au lit.

C'était un super Noël. Outre que j'avais testé de nouvelles recettes, j'avais comme toujours infiniment apprécié les instants passés dans le cottage avec Toby Jug. Sa présence chassait tous les sentiments de solitude que j'aurais pu éprouver. Avec la neige qu'on annonçait, j'allais certainement reprendre mes travaux d'écriture au cours des jours à venir. Mais nous ne manquions pas de provisions et je n'avais aucune intention d'aller où que ce soit.

Les prévisions se sont vérifiées. La semaine suivante, nous avons eu des conditions exécrables, avec des températures glaciales et de la neige à profusion. Je me suis risqué à quelques balades avec Toby Jug pour prendre l'air et un peu d'exercice, mais le chat se traînait misérablement dans la neige profonde et nous finissions invariablement gelés jusqu'aux os. La nouvelle année est arrivée sans incident, mais peu à peu l'idée m'est venue que je devrais fêter l'anniversaire de l'entrée de Toby Jug dans ma vie.

Alors que me revenaient les souvenirs de cette nuit fatale, la date du 21 janvier a commencé à occuper une grande place dans mon esprit. Comme le travail avait repris, j'ai repoussé la célébration de cet événement au week-end après la date exacte. Le vendredi soir, j'ai offert un repas d'anniversaire à Toby, en l'occurrence un morceau de bœuf dans l'aloyau pour nous deux. Le repas a été un délice et je l'ai câliné pour lui montrer combien je l'aimais.

— Tu es un chat génial, l'une des meilleures choses qui me soient jamais arrivées.

Il a levé vers moi la lumière de ses grands yeux verts emplis d'affection.

— Demain, ai-je poursuivi, je te raconterai comment nous nous sommes rencontrés, à la fois pour que tu connaisses l'histoire et pour que je me rappelle comment tout a commencé.

Le samedi, j'avais pour habitude de m'occuper des tâches ménagères auxquelles je n'avais pas pu me consacrer pendant la semaine. Comme le temps restait au grand froid, mieux valait effectivement rester à l'intérieur. Nos promenades ont donc été suspendues. En début de soirée, comme j'avais fini tout ce que j'avais à faire, je suis allé m'installer dans la véranda, d'où j'avais un poste d'observation imprenable sur tout le jardin – et la mangeoire aux oiseaux en particulier. Depuis peu, j'avais fait l'acquisition de deux radiateurs à huile pour chauffer la pièce. Toby Jug est venu prendre place à côté de moi sur le petit canapé.

J'ai donc entrepris de lui raconter l'histoire de sa vie, en commençant par le souvenir que j'avais de la découverte de sa mère, une magnifique chatte argentée, une patte arrière prisonnière des mâchoires d'acier d'un piège. Tandis que je contemplais le paysage par la porte de derrière après une tempête de neige, je l'avais entendue qui criait de douleur et de rage. J'étais parti à sa recherche dans la nuit et, après l'avoir retrouvée dans un bois enneigé, je l'avais libérée. Malgré sa grave blessure et le sang perdu, elle s'était enfuie.

Toby a levé les yeux vers moi et scruté mon visage, comme pour mieux saisir le sens de mes paroles. J'ai poursuivi mon récit sans cesser de lui caresser le dos et la tête. Il s'est mis à ronronner, ce qui j'ai pris pour un encouragement.

Je lui ai raconté que j'avais décidé de la retrouver une nouvelle fois afin de lui venir en aide, car j'avais toujours été un amoureux des chats. Après avoir suivi ses traces dans la neige, je l'avais débusquée dans le grenier branlant d'une vieille grange en ruine.

J'avais alors compris la raison qui l'avait poussée à filer aussi vite.

— C'est parce qu'elle était mère et qu'elle devait retourner s'occuper de ses deux petits. Tu étais l'un de ces chatons.

L'autre était ton petit frère, ai-je expliqué à Toby. Je vous ai enveloppés tous les trois dans un sac trouvé dans la grange, puis conduit chez le véto à Alnwick. Malheureusement, ta mère et ton frère n'ont pas pu être sauvés. Toi, je t'ai ramené ici avec moi et, en dépit du fait que tu étais minuscule, faible et malade, j'ai fait en sorte de te retaper pour que tu vives ici avec moi et deviennes mon ami. Telle est l'histoire de ta vie, Toby Jug. C'est ainsi que tu es arrivé ici.

Toby a incliné la tête sur le côté, la mine très attentive.

— Et tu dois ton nom au fait que je te mettais dans un broc en verre, avec du coton dans le fond, pour te tenir au chaud et te protéger quand je partais travailler. Du coup, ça m'a paru logique de te donner le nom d'un pichet à l'effigie d'un visage. Un « Toby Jug ». Au départ, j'avais plutôt songé à « Korky », du nom du chat qui figurait dans le magazine de bandes dessinées *Dandy*, mais Toby Jug te va à la perfection.

Quand j'ai eu fini mon histoire, j'aurais été incapable de dire si mon chat en avait compris et retenu quoi que ce soit, mais ce qu'il a fait ensuite m'a tout à la fois abasourdi et donné de l'espoir. Il s'est dressé sur ses pattes arrière pour venir me lécher la joue, de deux ou trois petits coups de langue aussi doux que des baisers. Pour moi, c'était une confirmation amplement suffisante. Oui, il avait compris ce que je disais, du moins je l'espérais. J'ai ajouté un petit *post-scriptum* au récit en lui promettant de l'emmener au printemps en pèlerinage à la grange où je l'avais trouvé, minuscule boule de poils.

Étrangement, c'est cette nuit-là que s'est déclenchée la pire tempête depuis une décennie. J'ai été réveillé au petit matin par le martèlement de grêlons contre les carreaux et des gifles de vent contre la vieille bâtisse. Tels des fantômes, les courants d'air se glissaient par les moindres fissures, traversaient la chambre en sifflant, et parvenaient même à m'ébouriffer alors que j'étais couché dans mon lit.

Autre chose m'a également éveillé : un Toby Jug prêt à tout pour trouver un peu de chaleur contre moi sous les couvertures. Quand je l'ai caressé, son pelage m'a paru gelé. Le pauvre tremblait, de froid bien sûr, mais de peur également. Comme j'étais moi-même transi, je suis allé prendre deux couvertures dans l'armoire, ainsi qu'une paire de chaussettes de laine. Ce n'est qu'ainsi emmitouflé que j'ai commencé à me sentir un tout petit peu mieux dans le lit. Ni Toby ni moi n'avions jamais entendu pareille bise, au point que je me suis inquiété pour le toit. Les rugissements du vent m'ont paru durer des heures. Ce n'est qu'avec l'arrivée de l'aube qu'ils ont commencé à décroître.

Au petit matin, je suis sorti voir si le cottage avait subi des dégâts, mais, hormis quelques morceaux de branches tombés au sol, la construction était intacte. Pas même une tuile arrachée. Le vent soufflait toujours fort, mais sans rien de comparable avec la violence qui nous avait tenus éveillés une bonne partie de la nuit. Le soir venu, une tempête de neige est arrivée de l'ouest, dans un blizzard à couper au couteau. Quelle étrange coïncidence tout de même qu'une telle bourrasque, assez comparable à celle qui avait présidé à la découverte de Toby Jug en 1966, s'abatte la nuit même où je lui avais conté toute l'histoire.

La vie privée de Toby Jug

Si le mauvais temps a persisté tout au long des mois de janvier et février 1969, les premières semaines de mars ont apporté un souffle printanier. Les prémices de cette belle saison sont toujours les bienvenues après l'hiver rigoureux dans le Northumberland. À l'automne, j'avais planté des bulbes dans de grandes jardinières de terre cuite, un effort couronné de succès puisque toutes sortes de fleurs ont pointé le bout de leur nez sous la caresse du soleil. Tout d'abord, ce sont les perce-neige qui sont apparus, suivis de près par les crocus jaunes et violets. Ensuite, les jonquilles sont arrivées, de grandes « roi Alfred » qui semblaient jouer des coudes dans le vent pour exhiber leur jaune étincelant. Enfin, le groupe des tulipes rouges, l'aristocratie du royaume des fleurs, a confirmé que le printemps était bel et bien là et que l'été n'allait plus tarder.

Toby Jug aimait beaucoup les fleurs. En été, je l'avais souvent vu se rouler sur les parterres de primevères, de pâquerettes et de pissenlits sauvages. De temps à autre, il lui arrivait même de sentir les roses, mais il prenait bien garde cependant de se tenir éloigné des fleurs où pouvaient butiner des abeilles. Peut-être lui était-il arrivé d'être piqué un jour, et il avait retenu la leçon. Le temps étant plus clément, j'ai pu planter notre sapin de Noël vers le fond du jardin, sous le contrôle vigilant d'un petit chat toujours curieux. Le petit arbre avait survécu dans son pot, à l'intérieur pendant les fêtes, puis à l'extérieur. À présent, il allait avoir une chance de pousser en pleine terre.

Plusieurs fois par semaine, je descendais à pied au village pour acheter du lait et du pain à la boutique, dans laquelle se trouvait également le bureau de poste. C'était un lieu très couru pour papoter et échanger les derniers commérages. Au cours d'une de mes visites, j'avais ainsi recueilli des nouvelles affligeantes qui m'avaient plongé dans l'inquiétude. D'après la rumeur, un gang de criminels enlevait les chats pour les revendre à des laboratoires pratiquant la vivisection. Apparemment, plusieurs cas de disparitions avaient été signalés dans le *Northumberland Gazette* et le *Newcastle Journal*, essentiellement dans la région de Hexham. On imagine donc mon angoisse quand, rentrant du travail un soir de la première semaine de mars, j'ai constaté que Toby Jug avait disparu.

J'ai immédiatement imaginé le pire. Mes recherches dans la maison n'ont rien donné. Toby restait introuvable et j'étais malade d'inquiétude. Avec son caractère amical, je l'imaginais très bien s'approchant d'un inconnu pour être emporté à jamais. Incapable de boire ou de manger, je n'arrivais même plus à réfléchir. Totalement abattu, je suis parti errer dans toutes les rues et ruelles du village, espérant contre toute logique qu'il n'avait été ni écrasé, ni piégé, ni volé, ni abattu par des braconniers. Près du fleuve, je suis tombé sur deux pièges amorcés, que j'ai détruits dans un accès de fureur. Mais toujours aucune trace de Toby. Épuisé, je suis finalement rentré au cottage pour me préparer une tasse de thé. L'idée qu'il puisse avoir été enlevé pour subir une vivisection me révulsait. Qu'un scientifique justifie la torture d'un animal conscient et doué de sensibilité me paraissait incompréhensible.

Alors que j'étais au plus profond d'un noir désespoir, un coup à la porte m'a fait tressaillir. C'était ma voisine Alice, venue me raconter une étrange mésaventure. Pour son grand ménage de printemps, elle avait aéré sa maison en ouvrant portes et fenêtres. Or, en début d'après-midi, qu'avait-elle trouvé couché sur son lit ? Un chat… Comme elle craignait ces animaux, elle s'était empressée de tout fermer, puis avait guetté mon retour. Sans être certaine qu'il s'agisse du mien, elle comptait néanmoins sur moi pour le faire sortir.

Affolé, le cœur battant, je me suis précipité chez elle, jusque dans sa chambre. Comme de juste, dès que j'ai eu ouvert la porte, Toby Jug a jailli comme un beau diable pour dévaler l'escalier et s'enfuir. Après avoir présenté mes plus plates excuses à Alice, je suis rentré.

Sur le seuil, mon Toby m'attendait, en chair et en os, en miaulant pour que je lui ouvre la porte. J'étais dans un tel état que je l'ai serré contre mon cœur en le caressant, allant même jusqu'à verser une larme ou deux sous l'effet du soulagement. Le reste de la soirée a été infiniment plus calme et serein. Tout en préparant le dîner de mon chat affamé, je me remémorais le jour où Toby Jug avait volé des tomates dans la serre d'Alice, imaginant que c'étaient ses balles rouges. Pauvre Alice ! Je ne sais pas ce qu'elle pouvait bien penser de Toby Jug, mais une chose était sûre : dorénavant, elle ne laisserait plus jamais son cottage ouvert à tout vent.

Avec toutes ces histoires effrayantes de disparitions de chats, j'ai pris la décision d'enfermer Toby Jug en mon absence. Le matin, je le laissais sortir dans le jardin pendant que je déjeunais en contemplant les monts Cheviot par-delà le village, puis je le faisais rentrer au chaud et – surtout – à l'abri des convoitises. J'ai procédé ainsi pendant un certain temps, jusqu'à ce que j'acquière la conviction que ces fameux gangs ne ciblaient pas notre petit coin de campagne.

Le premier week-end raisonnablement sec et ensoleillé, j'ai tenu la promesse que j'avais faite à Toby de l'emmener à l'endroit où il était né. Dûment harnaché et tenu en laisse, Toby a trottiné à mon côté à travers les champs cultivés et landes d'ajoncs que j'avais traversés une nuit d'hiver trois ans plus tôt. La distance s'est révélée plus longue que dans mon souvenir. Toby Jug a commencé à fatiguer pile au moment où la vieille grange est apparue au loin. Je l'ai porté le reste du chemin. L'endroit m'a paru plus décati encore, mais il est vrai que du temps avait passé et que je découvrais les lieux à la lumière du jour. L'échelle que j'avais utilisée avait disparu et le plancher du grenier où la chatte avait mis bas semblait vraiment sur le point de s'effondrer. Pas question donc d'y monter, mais j'ai tout de même pu montrer à Toby quelques marques dans le bois laissées par sa mère.

— Voilà, Toby. C'est ici que tu es né et que je suis venu te sauver. Qu'en penses-tu ?

Je l'ai déposé par terre pour le laisser renifler à sa guise, mais je n'avais pas l'impression que cette grange revête la moindre importance à ses yeux.

J'ai dû le porter également sur le chemin du retour. En revanche, dès notre arrivée, il a retrouvé tout son tonus, grâce notamment à quelques morceaux de gîte à la noix.

Pour ma part, j'ai pris un bol de potage aux légumes, bien chaud. Les efforts de cette journée me laissaient fatigué moi aussi. Je me suis allongé dans le salon, devant le feu. En ce mois d'avril, le temps était à la pluie et le froid faisait son retour. Toby Jug est venu se pelotonner entre la cheminée et moi. C'est dans cette configuration parfaite que le sommeil nous a saisis.

À cause de mon travail à Alnwick qui m'occupait toute la journée, Toby Jug avait du temps pour lui. Je ne me tracassais plus trop à présent. C'était un grand chat de trois ans et les histoires d'enlèvement avaient disparu de l'actualité. Au fil du temps, j'ai peu à peu découvert comment il occupait son temps libre. C'est une voisine avec qui j'échangeais quelques mots au *Running Fox*, l'établissement qui faisait office de café et maison de la presse à Felton, qui m'a livré les premiers indices.

— C'est un petit chat adorable que vous avez, m'a-t-elle dit. Il vient souvent me voir à ma fenêtre. Je lui garde mes restes de bacon et de fromage.

Bientôt, ce genre de commentaires se sont multipliés, y compris venant de personnes que je ne connaissais pas. Apparemment, dans certains coins du village, Toby Jug devenait une célébrité particulièrement appréciée. Pour l'essentiel, il réservait ses visites aux dames aimables dans les cottages, mais, un matin de la fin du printemps de 1969, j'ai pu mesurer à quel point il avait élargi le cercle de ses relations.

J'étais en train de repeindre la grille de l'allée quand une voiture a subitement pilé devant chez moi. Un vicaire en est descendu et s'est présenté comme étant le pasteur de l'Église réformée unie, située un peu plus loin sur la route.

— Bonjour ! a-t-il dit. Vous ne me connaissez pas, mais je crois bien que je suis une relation de votre chat. Il passe souvent me voir le matin à l'église pendant l'office, puis il reste un peu et partage mon déjeuner. C'est un si brave petit chat que j'ai voulu savoir comment il s'appelait et où il vivait. C'est bien votre animal ? Plusieurs de mes paroissiens parlent de lui en l'appelant le « gentil petit chat ».

Avant de lui répondre, je me suis retourné en sifflant pour appeler Toby Jug. Il était occupé quelque part au fond du jardin, sans doute à chasser les sauterelles, mais il a répondu à mon signal en rappliquant ventre à terre.

— C'est bien de ce chat dont vous parlez ? ai-je demandé.

— Exactement, a-t-il répondu avec enthousiasme, le visage radieux.

Toby a levé vers moi un regard perplexe. À l'évidence, il se demandait bien pourquoi je l'avais appelé.

— Il s'appelle Toby Jug, ai-je annoncé au vicaire, qui s'était penché pour le caresser.

Toby a apprécié ces marques d'affectueuse considération. Après nous être présentés l'un à l'autre, nous avons encore échangé quelques amabilités, puis le révérend David Martin a repris la route, satisfait de connaître enfin l'identité de son unique fidèle félin.

— C'est donc à ça que tu passes ton temps quand je ne suis pas là, ai-je dit à mon chat.

Nullement intéressé par mes remarques, il s'est contenté de repartir en trottinant à ses activités ludiques. Je suis retourné à ma peinture.

Découvrir que Toby Jug nouait des liens en mon absence n'était pas à proprement parler une surprise. C'était un chat liant de nature et au tempérament vadrouilleur. S'il s'ennuyait, il avait assez de ressources pour se trouver de l'occupation en mon absence. J'applaudissais son ingéniosité, en me sentant tout de même un tantinet vexé de n'en avoir rien deviné. Cela étant, il avait bien entendu le droit d'avoir une vie privée. Pouvais-je le lui nier ? Quant à l'assiduité de Toby Jug aux sermons, je dois bien dire que j'ai trouvé la chose amusante. J'imaginais que ses motivations étaient bien plus terrestres que spirituelles, mais qui peut savoir ? Après tout, le Tout-Puissant n'est-il pas là pour toutes ses créatures, humaines comme animales.

Bientôt, d'autres surprises m'ont été révélées concernant la vie secrète de Toby Jug. Une famille s'était récemment installée dans l'un des cottages à l'autre bout du village. Plutôt enclin à la discrétion et à la solitude, je n'avais pas cherché à lier connaissance, mais un matin, alors que j'allais chercher mon journal au *Running Fox*, une étrangère s'est présentée à moi, me disant s'appeler Elsie. Puis elle a poursuivi en me disant que sa jeune chienne, une bedlington terrier, répondait au nom de Flopsy.

— Elle adore votre chat, disait-elle. Chaque fois qu'il apparaît à ma fenêtre, elle s'excite jusqu'à ce que je le laisse rentrer. Ils s'amusent comme des petits fous tous les deux, à se courir après en haut et en bas, à toute allure. Vous imaginez ça ?

Je me suis penché pour caresser sa chienne, une brave petite bête. Avec son poil frisotté et ses oreilles tombantes, elle ressemblait à un agneau nouveau-né.

— Oh oui ! j'imagine tout à fait, ai-je répondu.

Ce n'était pas la première fois que Toby Jug se liait d'amitié avec un chien. Lors d'un séminaire auquel je participais, il avait fait ami-ami avec un yorkshire terrier nain.

— J'espère que ça ne vous dérange pas, a-t-elle ajouté. C'est une bonne chose pour Flopsy d'avoir un camarade de jeu. Autre chose encore, votre chat partage la gamelle de ma chienne. Cela ne vous embête pas ?

— Pas le moins du monde. Je suis ravi d'apprendre que Toby Jug s'est fait une amie. J'espère que ça durera.

— Ainsi, il s'appelle Toby Jug. Il faudra que je m'en souvienne. Je l'appelais « Minou ».

J'ai ri, puis je suis reparti non sans l'avoir saluée d'un signe de tête. Néanmoins, je n'étais pas certain au fond d'avoir envie de partager mon chat avec des étrangers. Je suis remonté dans ma voiture, un peu maussade. J'étais dépité de ces découvertes, mais n'étais-je pas celui qui laissait Toby tout seul pendant de longues journées ? Manifestement, il avait mis ce temps libre à profit pour se faire un carnet d'adresses dans le village et devenir un genre de célébrité.

— Eh bien, tant mieux pour lui ! ai-je marmonné pour moi-même.

Et puis, un jour, j'ai appris que ses visites de courtoisie ne se limitaient pas à l'église et au village. En effet, pour des raisons connues de lui seul, il avait parcouru pas loin d'un kilomètre pour rendre visite à Joe et Betty, le couple d'exploitants installés à Grove Farm. Au cours d'un incident traumatique survenu dans sa première année, Toby avait été effrayé par la meute de la célèbre chasse à courre Percy Fox Hunt, au point d'aller se réfugier dans une étable de la ferme, où il s'était pris d'amitié pour un grand chat appelé Black Bob. Or, un dimanche matin, au marché sur les quais du port d'Amble, j'avais croisé Joe et Betty, qui m'avaient raconté avec allégresse que Toby Jug avait pour habitude de passer les voir de temps à autre pour s'amuser avec Black Bob.

— Bob est un sacré matou, un vrai sauvage qui ne laisse aucun autre chat approcher, disait Joe. Mais il s'entend bien avec votre petit Toby.

— Et on sait bien pourquoi, a dit Betty en reprenant la haute main sur la conversation. C'est parce qu'ils sont père et fils. Les animaux sentent ces choses-là bien mieux qu'on ne le croie. Et puis on n'a pas oublié que Bob a frayé avec la chatte argentée, qui était la mère de votre Toby. Le jour où vous êtes venu le chercher, vous vous souvenez que ces deux-là étaient couchés côte à côte devant notre grosse cuisinière Aga. C'était après que j'avais lavé Toby. En fait, ils se connaissaient depuis le début. Pas besoin d'être grand clerc…

— La patronne a toujours raison ! a conclu Joe avec un sourire contrit.

Cette nouvelle des vagabondages de Toby Jug m'a laissé comme deux ronds de flan. Jamais je n'aurais cru qu'il puisse aller si loin. Il avait dû se souvenir des gestes affectueux et maternels de Betty à son endroit. Quant au fait que Black Bob et Toby se soient reconnus mutuellement pour ce qu'ils étaient, j'avais dans l'idée que cela pourrait bien être lié à l'odorat. Chez les animaux, l'odeur est souvent plus importante que l'apparence.

Le moins que l'on puisse dire, c'est que tout cela ne laissait de m'intriguer. C'était une nouvelle facette de la personnalité déjà fascinante de mon chat que je découvrais. L'aspect inquiétant de ces pérégrinations tenait au fait que son comportement sociable, surtout envers les étrangers, lui faisait courir des risques. Tout le monde n'aime pas les chats. De même, dans la campagne, il n'était pas à l'abri d'une rencontre avec un prédateur. Ils sont légion : blaireaux, renards, belettes, pour ne rien dire des martres et des oiseaux de proie. Mon dilemme était le suivant : devais-je le tenir enfermé pour le protéger ou courir le risque de le laisser répondre librement à l'appel de la nature sauvage. Notre petit village étant peuplé de gens aimables, j'ai fait le choix de laisser les choses en l'état, m'en remettant au destin, mais me réservant tout de même le droit de changer d'avis selon les circonstances.

La vie privée de Toby Jug n'allait pas tarder à me causer un nouveau choc.

En mon absence, je laissais toujours ouverte la partie supérieure de la porte de l'un des appentis bordant l'accès au jardin, pour que Toby Jug puisse s'y réfugier en cas de besoin. À l'intérieur, j'avais disposé un grand coussin et une couverture sur une étagère, ainsi qu'un bol d'eau pour qu'il puisse éventuellement étancher sa soif. Un samedi, venu pour faire un coup de ménage, je suis tombé sur un certain nombre d'objets dissimulés sous un coin rabattu de la couverture : une mitaine d'enfant toute sale, des élastiques larges, comme ceux qu'utilisent les facteurs, une petite éponge, une boîte d'allumettes, deux marrons. Et puis, horreur ! un oiseau mort. Un verdier. Quelle satisfaction Toby pouvait-il bien tirer de cette étrange collection ? D'après ce que j'avais lu, le chat maine coon avait pour particularité de rapporter comme un chien d'arrêt. Mais tout de même. Les aspects secrets du comportement de mon chat me stupéfiaient. Je commençais à comprendre qu'il y avait des pans entiers de sa vie qui pour moi restaient des mystères.

J'ai emporté l'oiseau, mais laissé le reste. Puis j'ai pris la décision de venir régulièrement faire un point sur l'évolution de cet assortiment hétéroclite, mais sans pour autant lui en parler. Après tout, c'étaient ses affaires. Pour moi, le plus fascinant, c'était que Toby avait délibérément caché ses trésors. C'était un acte voulu, exécuté dans la poursuite d'un but intimement personnel. J'en suis venu à prendre conscience qu'on peut vivre à côté de quelqu'un sans pour autant le connaître pleinement.

Cela étant, les chiens enterrent leurs os, et les renards les œufs qu'ils pillent. Les écureuils font des provisions de noisettes, et les souris déterrent les bulbes des fleurs pour les cacher ailleurs. Les humains font toutes sortes de collections pour assouvir leur désir de possession. Toby ne faisait peut-être que suivre ses instincts. Vu sous cet angle, son comportement était tout à fait naturel et parfaitement compréhensible. Restait quand même que son assemblage était bien intrigant.

Sur le plan du tempérament, Toby Jug possédait tous les attributs du maine coon : extrêmement affable et placide, sauf dans le cas de circonstances spécifiques jugées particulièrement déplaisantes. Par exemple, il était d'une possessivité maladive avec mon tabouret, qu'il réquisitionnait pour son usage exclusif. Quand je m'installais dans le fauteuil devant le feu, j'appréciais de pouvoir poser les pieds sur ce tabouret. Mais pas question pour Toby Jug de le partager avec mes petons. Parfois, nous nous disputions sa propriété. Et si j'avais gain de cause il prenait la mouche et se mettait à griffer le tapis – un geste dont il savait pertinemment qu'il m'exaspérait. Je lui criais alors d'arrêter, mais il continuait jusqu'à ce que je cède et retire mes pieds.

Je sais qu'aller dans le sens d'un agresseur qui veut imposer ses vues ne sert souvent qu'à le rendre plus agressif encore, mais, comme j'adorais mon chat et que je voulais que notre relation reste aussi sereine que possible, je finissais presque toujours par céder quand il employait cette tactique insupportable. En fait, il se comportait tout simplement en chat qui a un caractère bien trempé.

De plus, je trouvais assez amusant que mon ami félin, d'ordinaire si accommodant, ait un petit côté entêté et bagarreur. Celui-ci ressortait tout particulièrement quand je me préparais pour une journée de déplacement professionnel. Chaque fois, il fallait que je le sorte un nombre incalculable de fois de la voiture, où il revenait systématiquement s'installer sur le siège, sans paraître vouloir comprendre qu'il ne pouvait être de la partie cette fois-là. Immanquablement, quand sonnait l'heure du départ, Toby Jug avait disparu. Au terme d'une longue recherche, je finissais par le trouver au fond d'un placard en train de bouder. Une quantité non négligeable de caresses et de douceurs alimentaires, de type jambon, était alors nécessaire pour circonvenir sa mauvaise humeur et l'assurer qu'il était toujours un chat aimé. Parfois, c'était un peu comme vivre avec un enfant exigeant et collant, mais sans doute y étais-je un peu pour quelque chose…

Toby Jug et la jument qui s'appelait Lady May

L'établissement où je travaillais à Alnwick était intéressant à bien des égards. C'est là, par l'intermédiaire d'un collègue, que j'ai fait la connaissance d'un cheval qui devait jouer un rôle important dans ma vie – et celle de Toby Jug. Au début du dernier trimestre universitaire de l'année 1969, Toby était déjà un jeune chat adulte. Pour autant, il avait conservé son charme de jeune chaton et n'était toujours pas rompu aux usages du monde, mais son aptitude à se faire des amis, chez les humains comme chez les animaux, nous permettait de vivre ensemble de grandes aventures.

Installé dans le château médiéval siège du clan Percy, auquel appartiennent les ducs de Northumberland, l'Alnwick College of Education comptait dans son personnel une petite communauté d'universitaires et des agents employés à des tâches diverses. À l'intérieur des murailles de l'ancienne forteresse, tout ce petit monde formait un groupe soudé. Des professeurs au petit personnel, tous s'appelaient par leur nom.

Dans cet environnement austère, on avait conscience de la dimension historique du site. J'avais le privilège de travailler dans un bâtiment dont les pièces et les couloirs témoignaient d'une tradition ancestrale. C'était un lieu agréable où toutes les composantes coopéraient amicalement les unes avec les autres au bénéfice des étudiants. En l'occurrence, ces derniers étaient essentiellement des jeunes femmes, et quelques hommes plus âgés, qui se formaient aux métiers de l'enseignement.

Au milieu de la matinée, nous nous retrouvions généralement pour un café dans une vaste pièce surplombant ce que Gavin Maxwell, l'écrivain écossais également naturaliste, auteur de *Ring of Bright Water*, appelle « les draperies de pierre », autrement dit la muraille d'enceinte autour des pelouses. Ainsi, alors que je finissais ma tasse un matin, Jenny Howard, une professeure d'éducation physique, s'est assise à côté de moi pour m'expliquer qu'elle rencontrait quelques difficultés avec un cheval abandonné qu'elle avait adopté, avec son mari, Barry. Comme on lui avait dit que j'avais quelque expérience dans le domaine, elle venait solliciter mes conseils.

Comme à mes yeux les animaux sont des individus à part entière, je lui ai répondu qu'il fallait d'abord que je voie la bête. Après avoir convenu de passer le samedi à sa ferme, quelque part dans les collines du côté de Wooler, je lui ai demandé si je pouvais emmener Toby Jug, qui par le passé avait démontré sa bonne entente avec les chevaux. Elle a accepté avec joie, en précisant tout de même qu'il lui faudrait enfermer ses mastiffs colossaux et assez féroces, nullement accoutumés aux chats, qui faisaient office de chiens de garde.

Le samedi matin, après quelques emplettes à Morpeth et un rapide déjeuner, Toby Jug et moi avons mis le cap sur Raven Crag Farm – la « ferme de la Roche aux corbeaux » – tout en haut de la vallée d'Ingram, dans un petit vallon fermé traversé par un ruisseau. J'ai laissé Toby dans la voiture le temps de faire le tour du propriétaire. Il y avait des moutons et des chèvres, quelques cochons, deux ânes et trois chevaux. Ces cinq dernières bêtes avaient toutes subi des maltraitances infligées par les hommes, avant d'être récupérées par la RSPCA, la Royal Society for the Prevention of Cruelty to Animals, autrement dit la Société protectrice des animaux du Royaume-Uni. Apparemment, Jenny et Barry étaient plus préoccupés par la sauvegarde des faibles que par le rendement financier de leur activité. Au demeurant, ils m'ont tout de même précisé que leur petite exploitation équilibrait ses comptes.

Puis j'ai fait la connaissance des chevaux, laissés libres dans un vaste enclos, avec un grand box et de l'herbe fraîche à profusion. Extrêmement dociles, les deux ânes étaient aussi inséparables que les deux hongres, Roman et Bonny. En revanche, le troisième cheval, en l'occurrence une jument grise affublée du nom un brin solennel de Lady May, se montrait plus rétive et difficile. Quand j'ai tenté de la caresser, elle m'a jeté un regard noir en renâclant agressivement. Jenny m'a confié qu'ils songeaient à la ramener. Elle avait déjà mordu Roman, qui voulait juste se montrer amical, puis donné un coup de sabot à Barry quand il avait voulu la seller. Quand elle ne broutait pas, elle passait toutes ses journées à broyer du noir sous un grand marronnier tout au bout du pré, et s'était mise dans une rage folle quand ils avaient voulu la rentrer un jour d'orage.

De retour dans la grande cuisine pour un café, Jenny m'a raconté ce qu'elle savait de l'histoire de Lady May. Quand la RSPCA l'avait sauvée, elle était attachée à un poteau au milieu d'un champ avec du fil de fer barbelé passé dans la bouche, puis autour de son cou et de son corps. Elle s'était déchiré les chairs en tentant de se libérer. Les blessures infligées la faisaient hennir follement de rage et douleur. Une vieille couverture toute sale et déchirée était jetée sur elle, plus pour dissimuler son état que pour la protéger du froid. Des randonneurs avaient entendu ses cris et prévenu la police. En plus de ses mauvais traitements, elle était affamée. Aux dires de ses sauveteurs, elle « n'avait que la peau sur les os ». Apparemment, elle avait été abandonnée là, condamnée à mourir au terme d'une atroce agonie. Sur un morceau d'étiquette de la couverture, on pouvait lire quelques bribes d'une raison sociale « Lady May St... ». Ce nom lui avait donc été attribué.

— Elle doit avoir environ huit ans, si bien qu'on doute de parvenir à la rééduquer. On s'était dit qu'en la mettant avec deux autres chevaux, dans un environnement bienveillant et attentionné, avec une nourriture abondante, on pourrait peut-être l'aider à aller mieux...

J'avais une boule dans la gorge et le cœur serré. Pas étonnant que Lady May se révèle difficile. Pour peu qu'on fasse preuve de gentillesse à leur égard, les chevaux sont les plus aimables des créatures. Et ils ne demandent pas mieux que de se laisser dresser. En revanche, les maltraitances entraînent chez eux de profondes séquelles psychologiques. J'ai secoué la tête, plus sous le coup du chagrin que de la colère, puis expliqué qu'il faudrait que je passe un petit moment seul avec Lady May.

Je suis allé prendre Toby Jug dans la voiture, ainsi qu'un sac de jeunes carottes et deux pommes. Ensemble, nous avons longé la barrière du paddock jusqu'à l'endroit où Lady May nous tournait le dos, réfugiée sous son arbre. J'ai posé Toby sur la lisse, et mon regard a cherché celui de la jument. Selon ma méthode habituelle avec les chevaux, j'ai commencé à lui parler.

— Salut, cheval, je suis venu pour être ton ami. Et j'ai amené mon pote Toby Jug avec moi.

Le son de ma voix lui a fait dresser les oreilles. Elle a tourné la tête pour nous regarder. J'espérais que la présence de Toby Jug n'allait pas la rendre nerveuse. En fait, j'avais souvent remarqué que la proximité d'un animal – une poule, un chien ou un chat – avait un effet apaisant sur les créatures irritables et désobéissantes. J'ai alors pris une carotte dans le sac et commencé à la manger. Peu après, la bonne odeur est parvenue à ses narines et elle s'est tournée entièrement vers moi. Je captais toute son attention, mais elle ne s'est pas approchée pour autant.

— Je suis venu t'aider, cheval, ai-je poursuivi. Sois mon ami.

J'ai laissé tomber le trognon de la carotte de son côté de la barrière, avant d'en déposer délicatement une autre au sommet d'un poteau. Toby Jug a commencé à s'ennuyer, et me l'a fait savoir d'un miaulement las. En l'entendant, Lady May a poussé un petit hennissement en agitant la tête de haut en bas – ce que j'ai interprété comme un signe positif.

— On reviendra. Bon appétit pour la carotte, ai-je dit en m'éloignant pour aller l'observer, dissimulé derrière une grange.

Au bout d'un instant, elle s'est approchée de la barrière pour prendre mon bout de carotte par terre et le manger.

Ensuite, dans un mouvement un peu furtif, elle a pris la carotte sur le poteau, avant de se replier sous son arbre pour l'avaler.

—Jusqu'ici, tout va bien, ai-je dit à voix basse.

Pendant ce temps, Toby Jug s'était aventuré dans la grange, au grand mécontentement d'une grosse poule rousse qui s'est mise à glousser en battant l'air de ses petites ailes, et même à chercher à lui donner des coups de bec. Toby est venu se réfugier derrière mes jambes en levant un regard plaintif qui semblait dire: « Qu'est-ce qu'on fait ici ? Quand est-ce qu'on rentre ? »

Je l'ai ramené à la voiture. Jenny, qui nous a vus, est venue s'enquérir. Je lui ai dit de ne pas s'attendre à des miracles, mais que je reviendrais la semaine suivante pour continuer mes efforts. Enfin, je lui ai recommandé de mettre les ânes et les hongres dans un autre pré.

—Lady May a besoin de se sentir en sécurité. Laissez-la toute seule, le plus loin possible, et ne lui donnez ni pommes, ni carottes. Je me charge de ça. Nous verrons bien ce qu'il en sort. Je l'aime beaucoup. Je vais essayer de devenir son ami, si vous voulez bien.

Elle a hoché la tête, puis m'a remercié d'être venu, en m'assurant qu'elle suivrait mes instructions.

Sur la route du retour, j'ai beaucoup pensé à la jument. Lady May constituait un défi auquel il m'était bien difficile de résister. Toby a dormi sur la banquette arrière jusqu'à la maison. Apparemment, cette virée n'avait pas été très amusante pour lui. Et, en plus, elle l'avait épuisé. Avec Lady May, j'allais appliquer la même stratégie qu'avec tous les animaux. En l'espèce, j'allais la convaincre de m'aimer et d'être mon amie. Les bêtes ont toutes des sentiments. En faisant en sorte qu'elles se sentent bien à mon contact, je peux les approcher et les dresser. De ce que je pouvais voir, Lady May en voulait surtout à elle-même à cause de ce qu'elle avait subi. J'allais m'efforcer de transformer tout cela.

Dans le village, une information s'était répandue : on savait désormais dans quelle maison vivait Toby Jug. Au cours de la semaine suivante, plusieurs personnes sont venues me demander où se procurer un chaton tel que lui. Je ne pouvais pas répondre grand-chose, hormis le fait que c'était un maine coon et qu'à ma connaissance on n'en trouvait plus dans la région. Si besoin était, ces demandes me rappelaient combien mon chat était exceptionnel. J'en suis venu à concevoir quelque inquiétude que quelqu'un ne profite de sa gentillesse naturelle pour le voler.

Les semaines suivantes, j'ai poursuivi mes visites à Lady May, toujours avec mon lot de carottes – qu'il me fallait malheureusement laisser par terre ou posées sur la barrière. Elle me reconnaissait, mais refusait pour autant de s'approcher. Je m'efforçais donc de la familiariser à ma présence et à ma voix. À chaque visite, j'emmenais Toby Jug avec moi, mais les après-midi à la ferme ne l'enthousiasmaient pas. Peut-être était-ce dû au fait que les animaux étaient autorisés à vagabonder. Comme je restais concentré sur la jument, je me contentais de suivre de loin les activités de mon chat. Or, un jour, deux porcelets de la race saddleback se sont amusés à le courser en grognant tout ce qu'ils savaient. Toby a eu si peur qu'il s'est réfugié, tout tremblant, sur le toit d'un poulailler. Outre que sa dignité en avait pris un sérieux coup, les cris des petits cochons l'avaient absolument terrifié. À coup sûr, mon chat avait imaginé qu'ils voulaient le mordre – ou pire. Le spectacle de sa mise en fuite aurait certainement été comique s'il n'avait été le prélude à des incidents plus graves.

Une fois cette menace-ci écartée, Toby avait décidé de chercher refuge dans la grange, mais uniquement pour subir une attaque en règle de la part du coq, peu enclin à tolérer sa proximité avec les poules. J'ai entendu les cris de l'oiseau, accompagnés des caquètements hystériques des poules, convaincues de subir l'attaque d'un prédateur. J'ai dû venir au secours d'un chat assailli de toutes parts, qui battait en retraite en tremblant de tous ses membres.

Pour lui, la ferme était un lieu de peur et de chaos, avec des chiens qui aboyaient depuis leur cachot, et des cochons et des coqs laissés en liberté. Pauvre chat ! ce n'était tout simplement pas son jour. Toby Jug était accoutumé à mener une vie bien ordonnée, dans un cottage et un village exempts de toute menace. C'était toujours un soulagement quand venait l'heure du départ. À la visite suivante, il a purement et simplement refusé de quitter la voiture, pour passer l'après-midi misérablement couché sur la plage de la lunette arrière. Chaque fois que je regardais dans sa direction, il miaulait pour me supplier de partir.

Je dois bien admettre que j'étais moi-même un peu embêté par la façon dont la ferme était tenue. De manière générale, je crois que les animaux préfèrent un environnement paisible et bien organisé. Quand ce n'est pas le cas, ils sont perturbés. Je pense que Lady May avait du mal à s'adapter au bruit et à l'indiscipline des animaux de la ferme de Jenny, ce qui bien sûr n'arrangeait pas sa tendance à la nervosité. Heureusement, une nouvelle inattendue est venue changer les choses pour le mieux.

Le beau-père de Jenny tenait une auberge, la *Fishing Boat Inn*, à Boulmer, près de la mer. Par ailleurs, il était propriétaire de quelques prairies attenantes, dont une avec une écurie fermée sur l'avant par un mur de pierre. Un lundi matin, pendant la pause-café, Jenny m'a fait part de son intention de déménager Lady May à Boulmer le week-end, puisqu'elle ne se plaisait pas à la ferme. J'ai proposé de venir pour aider à installer la jument sur son nouveau site.

Le samedi après-midi, Toby Jug et moi étions sur place, prêts à accueillir Lady May. Le van est arrivé, conduit par Barry, qui a reconnu ne pas avoir une envie folle de s'occuper de la jument, vu qu'elle l'avait déjà mordu deux fois. Autant dire qu'il était soulagé de me voir à l'entrée du paddock. Je lui ai dit que je me ferais un plaisir de prendre le relais. Sur la barrière de l'enclos, j'ai laissé un Toby Jug absorbé dans la contemplation des mouettes sur la plage. Puis, lentement, je suis entré à l'intérieur de la remorque, en prenant soin de ne pas toucher la bête. Elle a henni en m'apercevant. Elle ne savait pas ce qui allait lui arriver. Je l'ai calmée en lui donnant des quartiers de pomme. Pour la première fois, je lui ai caressé l'encolure, tout doucement. Peu à peu, ses regards affolés ont cédé le pas à de simples renâclements. Sous l'effet de mes caresses et mes paroles rassurantes, son corps s'est détendu.

Au bout d'une demi-heure, je suis parvenu à la faire sortir à reculons en la menant par la bride, puis à la mener jusqu'à l'écurie où j'avais disposé des morceaux de carottes sur le sol. Immédiatement, elle s'est mise à les manger. Pendant qu'elle mâchonnait, je lui parlais doucement, lui expliquant qu'elle serait plus heureuse ici, avec la vue sur la mer et le bruit apaisant des vagues. À ce stade de notre relation, je m'obligeais à ne pas la caresser outre mesure. Cela viendrait plus tard. Une certaine détente s'est visiblement installée en elle, au point qu'elle a tourné sa tête massive vers moi comme pour me remercier.

Pendant tout ce temps, il n'y a eu qu'une seule interruption. Lassé de rester dehors, Toby Jug s'est glissé dans l'écurie, puis a bondi sur un râtelier à foin à côté de Lady May. Posément, en équilibre sur le rebord de la structure en bois, il s'est avancé jusqu'à être nez à nez avec la jument. Lady May a été quelque peu surprise par cette arrivée, mais quel plaisir pour moi de voir ces deux animaux faire connaissance en se reniflant mutuellement. Une fois les présentations faites, ils se sont détendus tous les deux. Lady May a émis un renâclement étouffé, achevé par un bruit de gorge, tandis que Toby Jug s'installait confortablement en face d'elle.

C'est toujours une stupéfaction de voir combien des bêtes de races différentes se tolèrent et coexistent sans heurts, voire de manière amicale. J'ai déjà vu des chiens devenir copains avec des chats. J'ai même entendu parler d'un cheval de course qui refusait de monter dans son van sans la poule rousse avec qui il était devenu ami. Cela me rappelait les liens entre Toby Jug et Fynn, une jument avec laquelle nous étions partis en randonnée dans les monts Cheviot pendant la première année de vie de Toby. Si Lady May et Toby Jug s'entendaient bien – ce qui semblait bien parti –, mon travail en serait assurément simplifié.

Des bruits de voix me sont parvenus du dehors. Devant l'écurie, Barry m'a présenté son père, Jack Whitlock, qui m'a expliqué que sa famille prendrait bien soin de la jument en l'absence de Jenny, et en particulier ses deux filles adolescentes, littéralement en extase à l'idée d'avoir un cheval à la maison. Je ne trouvais rien à redire à la perspective d'un surcroît de tendresse et d'adoration pour Lady May. Au contraire. C'était exactement ce dont elle avait besoin pour se sentir bien et avoir une image positive d'elle-même et de l'univers en général. Pour tout dire, ces dispositions me rassuraient pleinement. Même si la famille m'avait dit que je pouvais venir à ma convenance, il était évident que ce ne pourrait être tous les jours. J'ai expliqué que j'escomptais bien entraîner Lady May à être sellée, de façon à pouvoir la monter un jour, avant de conclure que mon chat et moi l'aimions déjà beaucoup.

C'était une belle journée venteuse. De grosses vagues venaient battre la grève et la vue était splendide. C'était un panorama selon mon cœur. J'étais absolument convaincu que Lady May serait bien mieux ici qu'à la ferme. Après le départ de Barry, reparti vers son vallon, je suis allé boire une bière blonde bien fraîche au bar face à la mer. Lady May, qui n'était pas attachée, est sortie de l'écurie pour explorer son nouveau paddock. Après deux ou trois tours, elle est venue paître près de la barrière et de l'endroit où j'étais installé avec Toby Jug. Les choses semblaient s'annoncer sous de bons auspices.

J'éprouvais un intense sentiment de satisfaction, tranquillement assis face à la mer par un bel après-midi ensoleillé de mai, à regarder une jument au pré tout en caressant un chat. Après mon verre, je suis allé m'étendre dans l'herbe au milieu des coucous et des boutons-d'or, pour rêvasser bercé par le doux bruit de la mer, devenue plus calme à l'orée du crépuscule. Et je me suis endormi. À mon réveil, Toby Jug était couché sur mon torse, et j'entendais Lady May brouter non loin. Je me suis levé pour m'étirer. Toby Jug a entamé une petite toilette, avant de se figer soudain quand quelques mouettes sont venues se poser près de nous à la recherche de restes de nourriture. J'ai rapporté mon verre vide au bar, salué toute la famille et promis une nouvelle visite pour bientôt.

Je suis rentré par les petites routes de campagne sinueuses et délicieusement vides, bordées d'épaisses haies et d'arbres en pleine floraison. Des parfums d'églantine et de chèvrefeuille m'arrivaient par bouffées par la fenêtre ouverte. Au-dessus de ma tête, les arbres formaient une canopée verte à travers laquelle les rais du soleil venaient parsemer la route d'éclats de lumière. De tout mon être, je goûtais la chaleur de cette journée chargée de prémices de l'été, qui rendaient infiniment plus facile la tâche que je m'étais assignée de m'occuper du dressage de Lady May. Quand Toby et moi sommes arrivés au cottage, il était déjà tard. La nuit commençait à se glisser dans le ciel.

J'ai passé tout mon dimanche dans la serre, à tailler et amender les pieds de tomates et plants de concombres, qui commençaient à venir sous l'effet de la chaleur et la lumière retrouvées. Toby Jug avait déniché un carton sur mon plan de travail, dans lequel il était venu se blottir. De son petit nid, il suivait avec la plus grande attention ce que je lui racontais tout en m'occupant des plantes. En l'occurrence, je lui détaillais le miracle de la nature par lequel une petite graine, à peine plus grosse qu'une miette, plantée dans un sol fertile devenait une plante, qui ensuite fleurissait et donnait de délicieux fruits. Au fil de ma conversation, j'en suis venu à lui expliquer l'équation d'Einstein, $E = mc^2$, puis quelques-uns des mystères de l'univers, dont les effets retentissent jusque sur la vie des hommes et des chats.

À mesure que je parlais, je sentais se renforcer le lien entre nous. Je savais que l'estime que Toby Jug avait de lui-même se trouvait renforcée par cette façon intime que nous avions d'échanger, de l'homme au chat, quand bien même certaines notions de physique devaient lui échapper.

De semaine en semaine, j'ai passé de nombreuses heures à parler à Lady May tout en la menant dans le paddock. Je la soignais régulièrement dans l'écurie, impeccablement tenue par Susan et Maureen, les filles de Jack. Vers la fin du mois de juin, j'ai décidé que l'heure était venue d'essayer de seller la jument. Toby Jug m'accompagnait, comme toujours. Je sentais qu'il faisait tous ses efforts pour m'aider à tisser une relation avec le cheval. D'ailleurs, Lady May appréciait beaucoup le chat. Chaque fois qu'il arrivait, elle le saluait d'un hennissement.

Je l'ai menée hors de l'enclos, puis attachée par la bride. Après cela, je lui ai donné plusieurs quartiers de pommes de mon verger, de la récolte précédente. Dans la foulée, d'un geste naturel, j'ai glissé le mors d'acier dans sa bouche, tout en passant les rênes fixées au harnais par-dessus sa tête. Puis, toujours tranquillement, je lui ai posé une couverture sur le dos, sans cesser de lui prodiguer des encouragements.

— Là, doucement. Est-ce que tu n'es pas bien comme ça ? Bon cheval, tu es un bon cheval.

Pour finir, j'ai posé la selle sur la couverture. Cependant, tandis que je réglais la sangle, elle a levé une patte postérieure, comme pour me donner un coup. Son corps tout entier s'est crispé, avant de se détendre sous l'effet de mes manifestations d'affection. En la menant par la bride, je lui ai fait faire le tour du paddock, de nombreuses fois. Parfois, je la faisais passer au trot en courant à côté d'elle. Peu à peu, j'ai eu le sentiment qu'elle se sentait en confiance. Toby Jug suivait l'affaire à bonne distance, mais miaulait à chacun de nos passages devant lui. Convaincu qu'il voulait participer d'une façon ou d'une autre, je l'ai posé sur la selle, avant de faire faire quelques tours supplémentaires à Lady May, à un pas tranquille. Quand nous nous sommes arrêtés, elle a tourné la tête pour regarder Toby sur son dos, comme pour dire : « C'est bon, tu peux monter sur mon dos si tu veux. »

Enchanté des progrès accomplis, je lui ai retiré la selle et tout le harnachement. Puis, d'une petite tape sur la croupe, je l'ai envoyée gambader dans le pré, ce qu'elle fit tout en secouant la tête et en hennissant. Assis dans l'herbe, Toby Jug et moi contemplions son bonheur d'être un cheval, libre de s'ébattre et courir à sa guise. À cet instant, une petite brise venue de la mer a soulevé sa crinière, la gonflant comme une voile de soie blanche. Au bout d'un moment, elle est revenue vers nous comme pour nous remercier. Elle a posé son museau sur ma joue, puis s'est penchée vers le sol. Toby Jug s'est dressé sur ses pattes arrière et leurs nez se sont touchés. Quelle extraordinaire avancée. Un pas gigantesque avait été franchi. Bientôt, je pourrais la monter.

Avant de partir, j'ai encouragé les deux jeunes filles à poursuivre leur bon travail et à garder un œil sur Lady May. Je savais que Jenny et Barry venaient aussi régulièrement pour apporter du foin et des céréales, et voir que tout se passait bien. Un jour que nous passions au même moment, Jenny m'a dit combien elle était soulagée et heureuse d'avoir laissé à mon entière discrétion la reprise en main de la jument.

Au cottage, il y avait plein de travaux à mener dans le jardin. La floraison des fruitiers avait démarré, les pruniers d'abord, puis les poiriers et enfin les pommiers. Le noisetier semblait suivre un calendrier strictement personnel, que j'étais bien incapable de décrypter. Jamais je n'avais eu l'occasion de manger une seule de ses noisettes. En effet, une famille d'écureuils installée dans les pins voisins faisait chaque automne main basse sur la récolte – mais les choses m'allaient très bien ainsi. Les fruitiers en fleur attiraient des abeilles, des verdiers et des bruants jaunes. Les oiseaux chanteurs – et en particulier les grives et les merles – venaient voler des boutons avant qu'ils n'aient le temps de s'ouvrir. Mais peu m'importait. Dans mon jardin, la faune sauvage avait la priorité sur les fruits, les baies et les bourgeons.

À l'université, le travail ne manquait pas non plus. Corriger les copies prenait du temps et superviser les étudiants envoyés en stage m'imposait de nombreux déplacements, dans lesquels je pouvais souvent emmener Toby Jug. Compagnon de route agréable, il venait avec moi jusqu'à Lauder, Duns et St Abbs dans la région des Marches écossaises, les Scottish Borders. Toby Jug adorait m'accompagner, sans jamais montrer le moindre signe de perturbation. Tout se passait toujours très bien, du moment que je veillais à emporter son harnais pour lui faire faire un tour dans l'un des endroits sauvages que nous traversions – une lande où ne vivaient que des grouses, des bécasses et des vaches highlands aux longs poils roux, d'une nature aimable et placide aux antipodes de ce que laissaient croire leurs cornes gigantesques. J'emportais toujours ce qu'il fallait d'eau, de croquettes et de bouchées diverses pour lui, ainsi qu'un déjeuner et un thermos pour moi. Une fois, à Eyemouth, j'ai acheté un hareng fraîchement fumé, une nouveauté bienvenue et appétissante qui nous a changés de notre pique-nique habituel.

En voiture, Toby Jug était un voyageur accompli, capable d'adopter tout un tas de positions variées au fil du voyage. Parfois, il s'installait sur le siège passager de ma Mini blanche. D'autres jours, il préférait s'allonger sur la plage de la lunette arrière. Apparemment, il aimait se laisser glisser d'un bord et de l'autre au gré des virages. À cette place, il produisait immanquablement une grande excitation dans les autres véhicules, en particulier chez les enfants, toujours hilares. D'autres fois, il dormait douillettement niché sur la couverture de la banquette arrière, mais mon épaule gauche restait l'une de ses places préférées. Là, il ronronnait à mon oreille, mais en gardant toujours la mine imperturbable du baroudeur achevé, le regard fixé sur le lointain. Rien ne le troublait jamais, même quand il me fallait freiner brutalement. Il se contentait d'accompagner le mouvement en souplesse, tout en faisant sortir ses grippes pour s'agripper. Bien sûr, ni mon manteau ni ma peau n'en sortaient indemnes. C'était une chance que Toby se soit accoutumé à la voiture dès son plus jeune âge. Il adorait ça, alors que les chats le détestent en général.

Ce n'est qu'à la toute fin du mois de mai, lors d'un week-end férié, que j'ai pu revenir voir Lady May. Sur les routes encombrées de longues files de voitures et de caravanes, je n'étais pas mécontent de ne pas aller trop loin, mais seulement passer une journée tranquille au bord de la mer et m'occuper d'un cheval. Lady May a semblé contente de nous voir. Comme d'habitude, Toby Jug m'accompagnait. À notre arrivée, elle contemplait le monde depuis l'ombre du marronnier dans un coin isolé du paddock. En nous apercevant, elle a poussé un hennissement excité et a galopé jusqu'à nous. Délibérément, j'ai passé un grand moment à lui flatter l'encolure et les flancs, en lui disant qu'elle était magnifique et que nous l'aimions beaucoup. Parfois, j'arrivais avec un bol de bouillie de graines de lin, préparée plus tôt. Elle adorait cette nourriture autant que les marques d'affection, des petites choses qui contribuaient à nous rapprocher. Quelqu'un l'avait brutalisée, réduisant à néant l'estime qu'elle avait d'elle-même. Je considérais comme mon devoir de lui rendre sa confiance en l'être humain. Lady May répondait à l'amour inconditionnel que Toby Jug et moi lui offrions. Ce n'était plus la bête dont j'avais fait la connaissance la première fois que je l'avais vue. Elle était prête à se laisser monter. Et ce serait l'occasion d'un moment partagé agréable pour nous tous.

Cette fois-ci, j'avais apporté des jeunes carottes, dont je la savais friande. Pendant qu'elle mangeait, je lui ai passé le mors et la bride. Après cela, je l'ai sellée, puis j'ai serré la sangle sous son ventre. Elle n'a pas esquissé le moindre mouvement donnant à penser qu'elle pourrait donner un coup de sabot. Enfin, le moment de vérité est arrivé. J'ai mis un pied à l'étrier, pour me hisser lentement sur son dos.

Je me suis assis et tenu aussi immobile qu'un roc. Elle n'a ni protesté, ni bronché. Je veillais à ne faire aucun mouvement susceptible de la perturber. Au bout d'un moment, elle a bougé les jambes pour mieux répartir la charge. J'ai raccourci les rênes en lui commandant d'avancer d'une pression des genoux. À mon immense soulagement, elle a obéi, puis fait le tour du paddock au pas de parade comme un cheval de concours.

Sous le coup d'une impulsion, j'ai pris le risque de l'amener vers la porte. Au pas, tranquillement, nous sommes sortis de l'enclos pour aller vers la mer. J'ai un peu intensifié la pression de mes genoux sur ses flancs et, à ma grande satisfaction, elle est partie au petit trot. Depuis longtemps, je me demandais pour quelle raison une bête aussi magnifique avait pu être traitée de manière aussi horrible. Manifestement, elle avait déjà été montée au cours de sa vie. Elle répondait aux moindres pressions de mes genoux et sollicitations sur les rênes.

La chevauchée le long de la plage et le vent sur mon visage ont fait remonter en moi des souvenirs du temps passé, au point que j'en ai presque oublié Toby Jug. Par-dessus mon épaule, j'ai aperçu sa petite silhouette abandonnée sur la barrière. D'aussi loin, je ne pouvais pas l'entendre, mais je savais qu'il devait être en train de gémir. *Chaque chose en son temps*, ai-je songé. J'aurais tout le temps voulu plus tard pour rassurer Toby. Pour l'heure, je me suis concentré sur Lady May, que j'ai fait obliquer vers le bord de l'eau. Elle a répondu avec enthousiasme, allant jusqu'à caracoler dans les petites vagues. Apparemment, elle appréciait la brise iodée dans ses narines et le contact de l'eau froide sur ses jambes. Quand je l'ai fait virer pour la ramener vers le paddock, elle a adopté un petit galop joyeux.

— Quel cheval magnifique tu fais ! ai-je dit, suffisamment fort pour couvrir le bruit des vagues.

Ce jour-là, le bonheur était une jument appelée Lady May.

Je l'ai montée tous les jours de ce week-end prolongé. C'était comme si elle était à moi depuis toujours. Quand je la chevauchais, le cavalier et la monture ne faisaient plus qu'un. Je me suis tellement entiché d'elle que je détestais passer une seule journée sans la voir. Malheureusement, j'avais un tel travail à l'université qu'il pouvait s'écouler une pleine semaine entre deux visites.

Et puis il y avait un autre problème : que faire de Toby Jug pendant que je montais ? Quand il était petit, j'avais utilisé des panières pour le transporter au cours de notre randonnée avec Fynn. À présent, la chose n'était plus concevable : Toby était beaucoup plus grand, sans compter qu'il était peu probable que Lady May les supporte. J'avais bien encore mes grandes sacoches de selle, mais je doutais que Toby s'y sente à l'aise, attaché qui plus est à l'arrière de la selle.

Finalement, j'ai pensé à un porte-bébé, comme ceux dans lesquels les couples transportent leur progéniture en très bas âge. Le plus souvent, il s'agit d'un sac de couchage miniature, passé autour du cou d'un adulte ou attaché dans son dos par des sangles, dans lequel le bébé est confortablement installé et en sécurité. L'autre option consistait à laisser Toby à la maison, mais je ne pensais pas pouvoir m'y résoudre. Bien sûr, tout dépendait de lui. Serait-il capable de se faire à un mode de transport aussi inhabituel ? Au cours de la semaine suivante, je me suis rendu dans une boutique spécialisée d'Alnwick pour y acheter un modèle qui m'a fait penser à la méthode utilisée par les femmes des tribus d'Indiens d'Amérique pour transporter leur *papoose*.

Affable et docile, Toby Jug m'a laissé le glisser à l'intérieur sans rechigner. Il semblait bien un peu dérouté, mais il semblait se dire que, si je prenais cette initiative, alors il n'avait pas à s'inquiéter. En fait, il avait l'air d'apprécier d'être là où il était, d'autant plus que le sac était doublé d'une chaude épaisseur de laine. Mais le véritable indice de son approbation a été le moment où il s'est niché de lui-même à l'intérieur en ronronnant. Satisfait, j'ai mis le porte-bébé sur mon dos avec Toby toujours dedans, et fait le tour de la maison. Ensuite, je suis passé dans le jardin pour voir sa réaction. Toby ne bronchait pas. À un moment, il a redressé la tête pour jouir du paysage autour de lui. Je suppose que nous formions un duo assez comique, mais cet arrangement me paraissait parfait. À présent, Toby Jug pouvait m'accompagner dans mes chevauchées, comme s'il avait été un petit Apache.

Tout cela m'a remis à l'esprit l'idée du camping. Peu à peu, j'ai formé le projet de partir en randonnée avec Lady May le long de la côte, en me disant que je pourrais établir un camp de base près du château de Dunstanburgh, situé sur un promontoire dominant la mer du Nord entre les villages de Craster et d'Embleton. Avant toute chose, il fallait que j'aille exposer mon plan à Jenny et Barry, mais, s'ils n'y voyaient pas d'objection, alors je pourrais tenter l'aventure fin juillet ou début août, selon le temps.

Non seulement ils se sont révélés favorables à ce programme, mais ils ont même estimé que ce serait un véritable enchantement pour Lady May. Ils ont même proposé d'assurer l'intendance si besoin était.

Une fois la décision arrêtée, je suis devenu de plus en plus impatient de concrétiser mon expédition. Je n'ai rien expliqué à Toby Jug ou Lady May, mais je ne doutais pas qu'ils partageraient mon enthousiasme. Pour supporter la routine du travail, j'ai toujours trouvé inspirant d'avoir une perspective qu'on a hâte de voir se réaliser. Cette fois encore, cette disposition d'esprit s'est vérifiée.

J'ai beaucoup apprécié m'occuper des préparatifs pour que notre randonnée se déroule sans accroc. Au cours des semaines suivantes, j'ai procédé à quelques recherches sur le château de Dunstanburgh. Édifié en 1313 par le comte

Thomas de Lancastre, il a été gravement endommagé au XVe siècle pendant la guerre des Deux-Roses. Depuis lors, il est resté à l'état de ruine. De manière plus intéressante, il se dit que le château serait hanté. Après une tentative ratée de rébellion contre le roi Édouard II, le seigneur de Lancastre a été exécuté. Or sa décapitation s'est révélée particulièrement sanglante, le bourreau inexpérimenté ayant dû s'y reprendre à onze fois pour séparer la tête du corps. Depuis lors, nombre de voyageurs ont signalé avoir vu le fantôme du comte errer autour des ruines, portant dans ses mains sa tête mutilée. D'autres fantômes y sont régulièrement aperçus : celui d'un chevalier, sir Guy *the Seeker* (« le Flâneur »), et une « dame blanche » qui s'est jetée du haut de la tour est à l'annonce de la mort du comte. Bien des pêcheurs ont vu son spectre longer cette côte pendant la nuit. Autour de Craster, on dit, non sans une certaine ironie, que ces apparitions jettent un mauvais sort à ceux qui les voient. Fantôme ou pas, mon intention était d'établir mon campement à l'abri dans ces ruines, mais en gardant un œil ouvert.

En attendant le départ, il fallait que je m'assure que Lady May avait la forme physique et la résistance voulues. Comme par moments il nous faudrait longer la route, je devais aussi être certain qu'elle puisse supporter la proximité du trafic routier. Les chaudes soirées d'été, et les week-ends en particulier, j'emmenais donc Lady May se familiariser avec la route. Au début, à chaque voiture, il fallait que je la tienne d'une main ferme en lui prodiguant des phrases de réconfort. Certains automobilistes mal embouchés n'hésitaient à arriver dans notre dos en klaxonnant. Peu à peu, Lady May s'accoutumait. Le fait que je lui chante des chansons a, je crois, grandement contribué à l'aider à supporter ce stress.

Ce n'est pas que j'aie une voix exceptionnelle, mais le son apaisant de la mélodie la rassurait.

Je l'emmenais aussi pour de courtes virées le long des plages. Bien en place dans le porte-bébé sur mon dos, Toby Jug était de toutes ces chevauchées, routières et balnéaires, et bien heureux de nous accompagner. Je longeais la grève le long de la mer, dans un sens ou dans l'autre, jusqu'à ce que nous trouvions un lieu absolument désert. Là, pour habituer la jument à tous les aspects de la logistique de la vie au grand air, j'allumais un feu de camp sur la plage, avec des algues sèches et du bois flotté. Sur des pierres plates disposées autour, je mettais quelques saucisses à cuire. Ensuite, je dessellais Lady May pour la laisser brouter dans les dunes, voire jouer dans la mer. À ce stade, je savais qu'elle ne s'enfuirait pas. Couché dans le sable, Toby Jug suivait attentivement toutes ces procédures – et tout particulièrement la cuisson des saucisses.

Une fois, nous nous sommes attardés longtemps sur la plage et dans les dunes avant de retourner au paddock, ensorcelés par la beauté sauvage du paysage et les reflets de la lune sur les eaux. Au petit galop, nous avons longé le rivage, accompagnés par le fracas des vagues, le visage baigné par les embruns. Incapable de me contenir, j'ai crié ma joie à la face du ciel. « Hourra ! » Lady May a couché les oreilles pour se lancer dans un grand galop digne d'un cheval de course. Ses sabots imprimaient de profondes marques dans le sable mouillé. Le sang me battait aux oreilles. Derrière moi, bien à l'abri dans le porte-bébé, Toby Jug a miaulé en écho à mon bonheur. Ainsi font les âmes sœurs au diapason. L'espace d'un moment, homme, cheval et chat ont été unis par la sensation commune d'être suprêmement et intensément vivants. J'incitais ma monture à aller toujours plus vite, en souhaitant que cet instant ne s'arrête jamais. Cette nuit-là avait l'aura d'un souvenir éternel.

Pour notre randonnée, mon programme était on ne peut plus simple. Globalement, je comptais suivre les chemins côtiers, du paddock à Boulmer jusqu'à Dunstanburgh. J'avais déjà visité la baie des Sugar Sands près de Howick avec Lady May au cours d'une balade. C'est là que je comptais faire étape pour notre première nuit. Au départ du village de Longhoughton, un chemin menait à un promontoire surplombant la mer. Par le passé, j'y étais souvent venu en voiture, pour me garer au-dessus de la petite anse avec une plage de sable bien abritée. Un ruisseau venu de Howick Hall s'y jetait dans la mer. L'endroit où se mêlaient l'eau douce et l'eau salée était le lieu idéal pour camper, avec d'amples provisions de bois flotté apporté par les marées. Cinq kilomètres plus loin, nous contournerions ensuite le village de Craster en passant par la falaise, avant de redescendre sur le chemin côtier menant au château. Barry et moi nous étions mis d'accord pour qu'il nous retrouve avec le van, à la fin de notre périple, sur la plage au bout de la route venant d'Embleton.

J'étais toujours décidé à mener notre projet plus tard dans l'été, quand la chaleur avait des chances d'être au rendez-vous. Mais tous ces préparatifs anticipés me donnaient le sentiment de passer de minivacances avec Toby Jug et Lady May, que j'aimais de plus en plus. Pendant ce temps, mon travail m'accaparait énormément. Les mois de mai et juin ont été très occupés, avec les stages des étudiants de troisième année à superviser dans les écoles rurales, pour ne rien dire des examens. Beaucoup de kilomètres sur les routes et d'innombrables copies à corriger. Normalement, les week-ends étaient libres, mais quelques cours de soutien aux étudiants en difficulté sont venus étoffer mon emploi du temps.

Par une matinée d'été particulièrement lumineuse, je devais aller visiter des établissements autour de Seahouses, Bamburgh et Beadnell. J'ai décidé d'emmener Toby Jug avec moi et de passer la journée sur place pour profiter pleinement d'une des zones les plus pittoresques du Northumberland. Question travail, la journée a été excellente. Tous les étudiants s'en tiraient à merveille et il n'y avait pas le moindre problème à l'horizon. En début d'après-midi, mes visites achevées, j'ai consacré une petite paire d'heures à pique-niquer sur la plage de Bamburgh, au pied du somptueux château médiéval. À l'enseigne *Chez Carter*, le boucher du village, j'ai acheté un sandwich à la poitrine de porc toute croustillante pour moi, et une mince tranche de bœuf cuit pour Toby Jug. Toute la fin de l'après-midi et jusque dans la soirée, nous avons passé des instants enchanteurs à contempler la lumière déclinante du soleil sur la mer.

Ce n'est que lorsque l'ombre du château s'est étirée jusqu'à moi que je suis reparti, à contrecœur, vers la voiture. Depuis la route qui longe la côte en direction de Beadnell, j'apercevais des bateaux au loin sur la mer d'huile, tandis que les lueurs du couchant faisaient ressortir le relief des îles Farne. Dans cette lumière estompée, l'archipel ressemblait à de simples pierres jetées au large.

Confortablement installé sur mon épaule, Toby Jug admirait le panorama lui aussi. J'entendais bouger son souffle de part et d'autre quand il tournait la tête. Quelle journée magnifique nous avions eue. Et comme le rude paysage du Northumberland s'adoucissait quand la mer n'était pas grosse et le ciel débarrassé de tout son gris.

Chaque jour, je pensais un peu plus aux préparatifs de notre excursion. Il fallait que j'évalue précisément la quantité de provisions à emporter pour Toby, Lady May et moi. De fait, mes sacoches de selle n'avaient qu'une capacité limitée et je ne pourrais pas prendre de sac à dos. J'avais déjà un porte-bébé sur les épaules. Tente, couverture, sac de couchage et ustensiles de cuisine (une poêle, un faitout, une tasse et deux assiettes) iraient derrière la selle, à condition que Lady May le veuille bien. C'était une configuration qui demandait encore à être testée. En plus d'une boîte de lait en poudre, il me fallait aussi prévoir de la place pour une gourde d'eau, ainsi qu'une bouteille de chablis et un verre à pied. Dans ma veste, je prendrais une petite flasque de brandy pour les situations d'urgence. Il fallait aussi que je réfléchisse aux vêtements. Sur la côte nord-est, les températures nocturnes sont très variables. Le plus sage était de tabler sur des nuits froides. J'avais une canadienne fourrée, mais un pull épais ne pourrait pas nuire.

C'est avec cette idée en tête que je suis passé à la boutique spécialisée dans les articles de laine située dans les Shambles, un passage couvert en arcades sous l'ancien hôtel de ville d'Alnwick. Très obligeamment, la dame a commandé un pull à larges mailles tricoté main dans les tons brun-roux, en m'assurant qu'il serait prêt dans les trois semaines. Neuf pelotes de laine ont été envoyées à la tricoteuse. *Avec ça,* songeais-je, *le temps pourra faire ce qu'il veut, je n'aurais pas froid.*

À la première occasion, j'ai harnaché et sellé Lady May, puis chargé tout le matériel que je comptais emporter, le répartissant soigneusement pour qu'elle ne soit pas gênée. Fascinées, les deux filles de Jack n'en perdaient pas une miette. Après quelques quartiers de pommes bien mérités, je lui ai fait faire plusieurs fois le tour du paddock en la menant à la longe. *Jusqu'ici tout va bien*. Lady May ne manifestait aucune objection, ni même le moindre signe d'irritation.

— Quel bon cheval ! ai-je dit en lui flattant l'encolure.

Le moment de vérité était arrivé. Je me suis préparé pour monter en selle. Les deux filles ont beaucoup ri en me voyant glisser Toby Jug dans son porte-bébé pour le prendre sur mon dos. Puis j'ai mis un pied à l'étrier pour me hisser. Pendant une ou deux minutes, je suis resté assis, parfaitement immobile. Aucune réaction de la part de Lady May, hormis un léger piétinement pour s'adapter à la charge. C'était encore mieux que je ne l'avais espéré. Doucement, je lui ai commandé d'avancer. Sous les applaudissements des filles, Lady May est sortie de l'enclos pour aller galoper sur la plage.

La sortie s'est déroulée comme dans un rêve. Quand je suis rentré au paddock pour débarrasser Lady May de tout son barda, j'éprouvai un intense soulagement. Tout se déroulait exactement comme prévu. J'ai libéré Toby, puis nourri et bouchonné la jument, avant d'aller prendre un en-cas réparateur au bar de la *Fishing Boat Inn* : un verre de vin rouge et un paquet de chips.

— Du beau boulot, ai-je conclu pour moi-même, passablement satisfait.

Ma randonnée équestre était parée, prête à démarrer. J'ai répété à plusieurs reprises l'exercice effectué cet après-midi-là, de façon à être absolument certain que tout se passerait bien. Lady May – bénie soit-elle – avait démontré combien elle était une perle. J'étais enchanté de son attitude, mais je n'en oubliais pas qu'elle pouvait avoir ses humeurs à l'occasion, jusqu'à l'obstination. J'espérais que la confiance qu'elle me manifestait suffirait à surmonter tous les écueils susceptibles de se présenter.

Pendant ce temps-là, il me fallait aussi faire un peu de ménage et de jardinage au cottage. Farouche ennemi de l'aspirateur, Toby Jug filait systématiquement à l'anglaise dès qu'il entendait son vrombissement honni. Un jour, en rangeant mes vêtements après avoir aspiré la maison de fond en comble, j'ai trouvé la cachette secrète de mon chat. Je ne sais comment, il avait réussi à entrouvrir la porte de la penderie, pour s'y glisser dans un recoin. Quand j'ai ouvert en grand, il est sorti tout ébouriffé et probablement un peu penaud d'avoir été débusqué. Il est parti, la queue furieusement dressée, comme pour me réprimander de faire du remue-ménage dans ce qui était d'ordinaire un havre de tranquillité.

Mais le pire était à venir. Réfugié dans le jardin, Toby Jug s'était trouvé un parterre de pissenlits et de boutons-d'or où se vautrer. Malheureusement, le tonnerre pétaradant du moteur thermique d'une tondeuse à essence est venu l'y perturber. Du coin de l'œil, j'ai vu un chat passer comme une flèche, en quête sans doute d'un nouveau sanctuaire. Je n'ai pu m'empêcher de rire devant son évidente indignation. Je n'oubliais pas que, le reste du temps, Toby Jug menait une vie de nabab, dans laquelle je tenais le rôle du serviteur répondant à ses moindres désirs.

Comme de juste, il était de retour à 18 heures tapantes, l'heure de son dîner, aussi affable qu'à l'accoutumée. L'atavisme des maine coons… Je l'ai câliné pour l'apaiser et le rassurer, avant de lui faire une beauté avec une brosse spécialement dévolue à cet usage. Cette activité le détendait et le faisait ronronner de plaisir. Il adorait que son pelage soit parfaitement entretenu. Je me suis alors dit qu'à ma prochaine belle journée de congé je lui donnerais un bain pour le préserver des puces et autres petites bêtes. C'était une pratique régulière qu'il adorait littéralement.

À ma visite suivante à l'auberge, la matinée s'annonçait absolument magnifique, sans un souffle de vent. La surface de la mer était aussi lisse que celle d'un petit étang. Devant tant de beauté, je brûlais d'être déjà parti pour notre camping itinérant, en communion plus étroite encore avec la nature. Une fois Lady May sellée, et Toby sur mon dos dans son porte-bébé, pris d'une subite impulsion, je me suis lancé sur le chemin côtier vers le sud, en direction d'Alnmouth.

En grande forme, Lady May gambadait à un trot enlevé, sur un rythme régulier. C'était une monture magnifique, un régal pour le cavalier. Le vent vif et salé me caressait le visage, tandis que la campagne anglaise m'offrait ses charmes somptueux, renouvelés à chaque virage. Nous étions à marée basse et l'immense étendue de sable s'étirait devant nous. C'était une véritable invitation. Entre mes genoux, j'ai senti palpiter le corps de Lady May quand elle s'est élancée au grand galop. Penché sur l'encolure, je lui ai lâché la bride pour la laisser donner toute sa mesure.

Cette chevauchée a été une expérience vraiment sublime. Nous filions comme le vent entre l'espace ouvert et infini de la mer d'un côté, et les ondulations vertes d'un terrain de golf de l'autre, d'où saillaient çà et là des tertres herbeux. Comme nous arrivions en vue de l'embouchure du fleuve Aln, j'ai tiré sur les rênes pour la faire ralentir, d'autant que quelques chiens exubérants, rendus ivres par la course, nous tournaient autour en aboyant. Nullement perturbée, Lady May est venue patauger dans les vaguelettes mousseuses de la laisse de mer. Elle vivait un instant grandiose, que j'étais heureux de partager avec elle.

Comme la marée remontait, nous avons regagné la route par un sentier envahi de hauts asters maritimes, de berces gigantesques et d'herbes ondulant sur les dunes. Après avoir traversé Alnmouth, paisible même en ce dimanche matin, nous avons rejoint Boulmer par la route, d'où s'ouvrait une large vue sur les immenses bras morts du fleuve en contrebas. Au carrefour, nous avons pris à droite, en direction du village de Lesbury, puis cap à l'est en passant sous le pont. La plage de Boulmer était déjà devant nous.

Pendant toute la balade, je ne crois pas que Toby Jug ait une seule fois sorti la tête. En bon chat, il avait dû piquer un roupillon, confortablement bercé par le balancement rythmique de son porte-bébé.

J'ai mené Lady May directement à l'écurie, où je lui ai donné à boire et à manger pendant qu'elle récupérait. Cette sortie l'avait bien oxygénée. Ses flancs étaient tout trempés. Son humeur était excellente. Elle a henni pour me saluer quand je me suis éloigné. Pour me rafraîchir, j'ai acheté une glace à une camionnette installée près de la plage. Après avoir laissé Toby Jug dans l'écurie avec la jument, je suis allé au bar boire une bière fraîche. La matinée avait été excellente pour tout le monde. Il ne me restait plus qu'à me détendre pendant le reste de cette belle journée.

Les préparatifs de la randonnée étaient bien avancés à présent, et il ne me restait plus que quelques questions à régler à l'université avant les vacances d'été. En l'occurrence, il fallait faire viser les notes par des examinateurs externes, puis afficher les listes des noms de ceux qui avaient réussi leur année, de façon que les étudiants angoissés puissent les consulter. Quel soulagement de boucler l'année et de pouvoir songer au temps libre qui m'attendait. De mon côté, j'achevais la deuxième année de ma maîtrise en sciences de l'éducation que je suivais à temps partiel à l'université de Newcastle, et il fallait encore que j'achève ma thèse. Autant dire que toutes ces obligations m'occupaient l'esprit. En revanche, établir un point de rendez-vous avec Barry et Jenny près de la bretelle d'accès au-dessus de la baie d'Embleton après trois jours de camping dans la nature était comme une éclaircie dans le ciel. Tout semblait se mettre en place à la perfection. Cinq jours après la fermeture de l'Alnwick College of Education, j'étais prêt à partir…

Une randonnée sous la tente et une triste disparition

Par une belle journée ensoleillée de la mi-juillet, tôt le matin, je suis parti en voiture, Toby Jug sur mon épaule, à mon rendez-vous avec Lady May, dans son paddock de Boulmer Sands. Dès qu'elle nous a vus, elle a quitté sa place habituelle sous le marronnier pour venir à nous en trottinant. Comme me l'avait signalé Jenny un matin à l'université, la jument était en grande forme.

— Je n'arrive pas à croire à quel point elle a changé, avait-elle dit. Vous avez fait des miracles avec elle. C'était une véritable épave quand on l'a récupérée.

J'étais content de l'entendre dire cela, parce que j'avais eu vent d'un incident un peu inquiétant au sujet de la jument. Apparemment, pendant les dernières petites vacances, Susan et Maureen, les filles du propriétaire de l'auberge *Fishing Boat Inn*, avaient décidé de la monter. Elles avaient réussi à poser la selle sur son dos, mais, au moment de serrer la sangle, Lady May avait compris ce qui se passait et piquer une crise, ruant tant et plus jusqu'à se débarrasser de la couverture et la selle. Si aucune des filles n'avait été blessée, elles avaient tout de même été sacrément secouées.

À cette nouvelle, j'avais tenté d'expliquer que Lady May était une bête particulièrement nerveuse, qui apprenait tout juste à me faire confiance. Elle devait absolument se sentir en sécurité avec ceux qui la prenaient en main. Simplement pour la convaincre que je ne lui voulais aucun mal, il m'avait fallu un long moment. J'ai expliqué aux filles que l'affection et l'attention sont les maîtres mots dans une relation avec un animal. Comme pour les êtres humains. En temps ordinaire, les deux sœurs étaient toujours attentionnées avec Lady May. Sans doute l'avaient-elles effrayée en tentant de la seller en mon absence. Je leur ai promis de familiariser la jument à leur présence à l'avenir, voire de les emmener faire un tour en les prenant en croupe.

Pour tout dire, j'avais craint que l'appréhension éprouvée par Lady May n'ait contaminé sa relation avec moi. Pour le succès de notre expédition, il était primordial qu'elle garde son humeur positive. Mais je m'étais fait des cheveux blancs pour rien. Vis-à-vis de Toby Jug et moi, elle était restée la même, toujours aussi disposée à nous saluer et goûter les carottes et les pommes que j'apportais. Rassuré, je l'ai harnachée avec la tente, le sac de couchage et les lourdes sacoches de selle, dans lesquelles se trouvait l'intégralité de nos provisions. Pour finir, j'ai attaché une gourde d'eau à l'avant de la selle. Ensuite, avec Toby Jug dans le porte-bébé, je suis monté en selle et nous sommes partis.

Heureusement, il n'y avait aucun témoin, hormis un groupe d'oiseaux de mer, des mouettes rieuses essentiellement, ainsi que des risses qui faisaient des piqués dans l'eau. Pour les écoliers et les collégiens, l'heure des vacances n'avait pas encore sonnée. Même Susan et Maureen, pourtant désireuses de faire amende honorable auprès de Lady May, n'ont pas assisté à notre départ. J'ai jeté un coup d'œil à ma montre : il était 9 h 47. Pour le meilleur et pour le pire, notre aventure venait de commencer.

Après le port de Boulmer, nous avons mis le cap au nord au trot rapide, poussés par une brise de mer un peu fraîche. En un rien de temps m'a-t-il semblé, nous sommes arrivés en vue du promontoire au-dessus de la plage de Sugar Sands. Nous avons poursuivi en direction du môle à la hauteur duquel un cours d'eau douce venait se jeter dans la mer à la plage de Howick Sands. Le soleil était haut dans le ciel et la journée promettait d'être chaude. Nous étions absolument seuls, exception faite de deux petits bateaux de pêche qui dansaient sur l'eau à quelques centaines de mètres au large.

J'ai décidé d'arrêter pour la journée et d'établir le campement à cet endroit. J'ai mis pied à terre et libéré Lady May de toute sa charge. Ensuite, je l'ai menée au cours d'eau, au bord duquel une herbe fraîche poussait en abondance. Après l'avoir attachée, je l'ai laissée paître en paix. Non loin, un petit escarpement au-dessus de la plage offrait un coin idéal pour planter la tente et entreposer la selle et tout le reste. Après cela, j'ai ramassé du bois flotté pour le gigantesque feu que je comptais bien allumer. Rien ne vaut un bon feu de camp pour se tenir compagnie – et, accessoirement, cuisiner et se réchauffer dans l'éventualité d'une nuit glacée.

Quand tout a été en ordre, je me suis accordé un moment pour ratisser la plage, ce qui est un peu mon péché mignon. Peu m'importe de tomber ou non sur un trésor – même si c'est toujours une possibilité. Non, ce que j'aime, c'est le simple fait de marcher sans but, simplement pour le plaisir de faire partie de l'immensité aux mille couleurs du ciel et de la mer, de préférence pieds nus en souvenir du temps enfui de l'enfance. En réalité, c'est une excuse pour ne rien faire et perdre son temps. Mais pourquoi pas en cet instant, pour le bien-être de l'esprit ? Plus on se rapproche de la nature sauvage et plus les tracas du quotidien s'évanouissent.

Bien évidemment, Toby Jug était mon inestimable compagnon en tout cela. C'était sur lui que je comptais pour garder le cap, explorer efficacement et me ramener les pieds sur terre. Néanmoins, cet après-midi-là, ses gambades sur la plage, ses examens approfondis des tas d'algues, ses charges décidées au milieu des groupes de mouettes pour les voir s'envoler en poussant des cris, tout cela n'a finalement servi à rien d'autre qu'à amplifier mon bonheur.

Soudain, j'ai été rappelé à mes responsabilités par les hennissements d'un cheval. À bien des égards, les chevaux sont un peu comme des gros chiens : ils détestent qu'on les laisse seuls. Une fois rassasiée, Lady May a commencé à s'ennuyer. Et, comme elle se trouvait dans un lieu étrange et inconnu, elle nous a rappelés. Je l'ai caressée et apaisée, avant de la seller de nouveau pour un petit tour sur la plage, histoire de me faire pardonner ma négligence. Toby Jug nous suivait à son rythme. À ma grande surprise, Lady May insistait pour s'arrêter de temps à autre. Puis j'ai compris qu'elle contrôlait simplement où se trouvait le chat. Quand les animaux créent des liens entre eux, ils veillent les uns sur les autres. Les comportements animaux ne me stupéfiaient plus depuis longtemps. À mes yeux, ils sont fondés sur les émotions au même titre que les comportements humains, mais c'est une spécificité qu'on ne leur reconnaît que rarement. À présent, nous *formons un vrai trio*, ai-je songé en chantant les premières mesures de la chanson *Oh, What a Beautiful Mornin'*, tirée de la comédie musicale *Oklahoma!* de Rodgers et Hammerstein. Lady May a dressé les oreilles, mais sans réagir plus que cela à mon chant.

Plus tard, nous nous sommes installés pour une soirée tranquille dans notre campement. J'avais donné un peu de céréales à Lady May pour qu'elle conserve son énergie, et de l'eau pour qu'elle étanche sa soif. À présent, elle était entravée juste devant nous. Pour plus de sûreté, je l'avais également attachée à une grosse pierre à l'aide d'une grande longe. Je ne pensais pas qu'elle puisse s'éloigner, mais j'aimais autant avoir la certitude qu'elle n'en avait pas la possibilité.

Toby Jug était allongé de tout son long devant le feu. Son objectif était d'offrir la plus grande surface possible à la chaleur, mais tout en gardant un œil sur les tranches de bacon en train de grésiller dans la poêle à côté de ma boîte de haricots. Adossé à un rocher, un verre de chablis à la main, je me détendais moi aussi. Le bourgogne blanc était un complément délicieusement apaisant à cette soirée d'été. Tandis que le bois flotté gorgé de sel pétillait et projetait des escarbilles dans le noir de la nuit, j'éprouvais un frisson d'excitation à être au-dehors et à goûter la liberté. « Loin de l'ignoble lutte de la foule causant la folie », comme a écrit Thomas Gray, le poète anglais du XVIIe siècle. Tandis que Toby Jug et moi nous prélassions devant le feu, je me laissais aller à l'enchantement du ciel constellé d'étoiles et au bercement du ressac à quelques pas de nous. Je réagissais déjà à l'effet libérateur du voyage. Le chat, le cheval et moi étions seuls dans un lieu infiniment paisible. Nous allions tous bien dormir cette nuit-là.

S'éveiller dans une tente est rarement synonyme de grand confort. Par exemple, la température tombe généralement sous le niveau minimum pour favoriser l'activité, de sorte qu'on est plutôt incité à se recroqueviller encore plus profondément dans son sac de couchage pour méditer. Je me suis réveillé tôt. Il était à peine 5 heures du matin et il faisait froid. La toile orange de ma tente vibrait déjà sous les assauts lumineux du soleil. J'entendais le bruit des vagues sur la grève juste de l'autre côté.

J'ai regardé autour de moi… et ressenti pleinement la sensation d'inquiétude qui jusque-là jouait avec mon subconscient. Toby Jug n'était plus là. Je me souvenais qu'il était couché sur mon torse, à l'extérieur du sac de couchage, quand je m'étais assoupi. À présent, il avait disparu. Où était-il ?

Plus question d'hésiter. J'ai fait l'effort de me lever pour sortir de la tente d'un pas encore incertain. J'ai sifflé et appelé, une main en visière sur le front pour me protéger de la réverbération. Toby restait invisible. Lady May a commencé à hennir pour attirer mon attention. Je me suis senti obligé d'aller la caresser et de lui donner céréales et granulés pour son déjeuner.

Toujours aucun signe de Toby. C'est alors que mon cerveau embrumé a recommencé à fonctionner. Souvent, quand je devais me lever tôt par les froids matins d'hiver, je découvrais que mon chat s'était glissé dans le lit pendant la nuit pour se blottir sous les couvertures.

De retour dans la tente, j'ai tapoté le sac de couchage. Comme de juste, il y avait bien une bosse suspecte tout au bout. J'ai enfourné une main à l'intérieur et la bosse s'est transformée en une boule de poils toute chaude connue sous le nom de Toby Jug.

J'ai ri de soulagement, impressionné par son savoir-faire. Il avait poussé très loin l'art de s'occuper de son confort. Nullement préoccupé, il s'est extirpé du duvet en clignant des yeux, pressé de passer au petit déjeuner. Pour patienter, il a entamé une toilette.

Après avoir libéré Lady May de son entrave pour la mener au ruisseau, j'ai tiré de la sacoche une pomme de terre enveloppée dans du papier cuisson, que j'ai placée sur une pierre plate à côté du feu déjà relancé. Après cela, j'ai ouvert une boîte de saumon d'Alaska et préparé un peu de beurre. Quand la patate serait cuite, je mélangerais le tout. Enfin, pour Toby Jug, j'ai ouvert une boîte de nourriture pour chat de qualité supérieure.

Pendant ce temps, Lady May s'était éloignée en flânant jusqu'à l'eau, où elle jouait à présent dans les vagues à produire des éclaboussures. Tout à coup, à ma grande surprise, elle s'est roulée dans la mer, de la même façon que les chevaux le font parfois à la rivière. C'était un jeu audacieux, mais à l'évidence délectable. Néanmoins, quand j'ai vu Toby Jug s'élancer pour la rejoindre, après avoir gobé son repas, j'ai eu peur qu'il saute dans les vagues lui aussi. Mais je me faisais du mouron pour rien. Arrivé au bord, il s'est tranquillement assis pour la regarder, achevant en même temps de s'administrer sa toilette.

Je me suis préparé un café du style « cow-boy » dans un quart métallique, puis j'ai mangé avec gourmandise mon écrasée de pomme de terre au saumon. C'est surprenant de voir à quel point le grand air ouvre l'appétit et accentue le goût.

Lady May est sortie de l'eau pour me rejoindre. Ce n'est qu'une fois à côté de moi qu'elle s'est vigoureusement ébrouée, corroborant mon idée selon laquelle les chevaux n'étaient au fond que des gros chiens. En petit chat stratège, Toby Jug s'était prudemment replié hors de portée. Quant à moi, j'ai pris l'essentiel de la saucée sur mon tee-shirt tout propre.

Il est temps de lever le camp, ai-je songé en menant Lady May par son licol pour aller l'attacher à un arbre un peu plus haut. Après l'avoir pansée, bouchonnée et sellée, j'ai encore nettoyé le site du campement, rassemblé le barda dans les sacoches et glissé Toby Jug dans le porte-bébé. La matinée était déjà bien avancée, mais n'étions-nous pas en vacances ? Nous avons chevauché à un trot rapide jusqu'au début de l'après-midi et, à 15 heures, nous atteignions le grand parking à l'entrée de Craster.

J'ai mis pied à terre, attaché Lady May à une barrière, puis desserré sa sangle ventrière. Au café, je suis allé chercher un seau d'eau pour qu'elle puisse boire une fois qu'elle aurait récupéré. En attendant, je l'ai laissée brouter le talus. Les touristes attablés n'en perdaient pas une miette. Dans leurs yeux se mêlaient l'incrédulité et une certaine curiosité amusée. Pendant tout ce temps, j'ai gardé le porte-bébé sur les épaules. Toby Jug y dormait à poings fermés.

Installé à une table à l'extérieur, j'ai mangé une tourte à la viande avec une salade verte, accompagnées d'une tasse de thé, le tout acheté au café. C'était une pause bienvenue pour le cheval comme pour moi. J'ai passé le reste de l'après-midi à observer les papillons et les abeilles butinant le nectar des buddleias disséminés dans toute l'aire de stationnement. Quand le café a fermé, j'ai encore attendu que toutes les voitures s'en aillent avant d'apporter le seau d'eau à Lady May. Ensuite, j'ai resserré la sangle de la selle et nous sommes repartis.

J'ai suivi la route qui descend au petit port, puis tourné à gauche dans la rue bordée de cottages face à la mer. Ensuite, après avoir franchi le portillon, j'ai suivi le sentier le long de la grève. À un peu plus d'un kilomètre devant nous se dressait la silhouette menaçante et immédiatement reconnaissable des ruines du château de Dunstanburgh. Les lueurs du couchant s'approchaient du rempart ouest. On sentait que ce lieu avait connu son lot de bains de sang…

À l'approche de l'entrée du château, j'ai senti un changement d'attitude chez Lady May. Elle a commencé à hocher la tête de haut en bas en renâclant très fort. Pour finir, elle s'est arrêtée, refusant de faire un pas de plus. Je connaissais suffisamment bien les chevaux pour savoir qu'il n'aurait pas été judicieux d'insister. En passant par la gauche, j'ai entrepris de faire le tour pour chercher un accès sur l'arrière. J'avais eu l'intention d'aller camper à Castle Point, un promontoire surplombant la grève rocheuse, mais la jument était totalement opposée à cette idée.

Inutile de poursuivre. Je me suis donc rabattu sur le plan B, consistant à suivre le sentier côtier jusqu'au sable doré de la baie d'Embleton. En passant par les dunes, j'ai jeté mon dévolu sur un emplacement proche d'une casemate, un vestige de la défense côtière de la Seconde Guerre mondiale. J'ai planté ma tente et établi le campement sur une zone herbeuse au-dessus d'un ruisseau. Après avoir dessellé et étrillé Lady May, je l'ai attachée à un rocher avec la grande longe. Ainsi, elle pouvait aller paître sur la bande d'herbe grasse, pas très loin de la route descendant vers la plage.

J'apercevais plusieurs abris dressés face à la mer, dont certains occupés par des randonneurs. Pas très loin, il y avait au moins deux autres chevaux attachés dans les dunes.

De temps à autre, ils hennissaient pour appeler Lady May, qui ignorait leurs salutations.

Ma tente était dans un creux abrité du vent de mer. J'ai libéré Toby Jug, en prenant toutefois la précaution de lui passer son harnais pour l'attacher à un piquet de la tente. Au loin, je distinguais quelques chiens en train de jouer avec leurs propriétaires. J'ai dégagé un espace pour allumer un feu avec du bois flotté, puis ouvert une boîte de corned-beef. Accompagné de haricots, celui-ci me ferait mon dîner. Pour sa part, Toby Jug aurait une boîte de sa nourriture préférée, avant l'extinction des feux pour la nuit.

Toby Jug n'était pas vraiment ravi d'être attaché, si bien que j'ai décidé de lui faire faire une balade avant de manger. Nous avons emprunté le chemin repartant vers le château, puisqu'il n'y avait ni homme ni chien de ce côté-là. Toby caracolait devant moi en tirant sur sa laisse, manifestement heureux de se dérouiller les pattes après un après-midi confiné dans le porte-bébé. Alors que nous approchions de la ruine, j'ai remarqué que le temps était en train de tourner. De gros nuages noirs arrivaient de l'ouest. Le soleil a disparu et l'air s'est considérablement rafraîchi. Rapidement, il est devenu évident qu'un grain se préparait. La mer avait pris des teintes grises et un aspect menaçant. Au grand dam de Toby, j'ai raccourci la promenade pour rentrer en hâte au campement.

Après avoir rechargé le feu, j'ai rentré la selle et tout le harnachement dans la tente. Il n'y avait pas beaucoup de place, mais je préférais que les équipements n'aient pas à souffrir de la pluie. Je me suis rapidement préparé une assiette, que j'ai mangée debout face à une mer chez qui la colère bouillonnait. Des vagues de plus en plus tumultueuses venaient se fracasser sur la grève, chassant les derniers promeneurs. J'ai servi une gamelle de bouchées de viande à Toby Jug, avec un biscuit émietté par-dessus, ainsi qu'un bol d'eau de la gourde.

Dans le ciel, la situation évoluait à vitesse grand V. En peu de temps, la mer était passée au stade « démontée » et le vent soufflait avec une telle violence que j'ai dû renfoncer les piquets et retendre les cordes de la tente pour qu'elle ne s'envole pas. J'ai achevé mon repas à toute vitesse, puis tout rangé dans mon abri de toile, jusqu'aux affaires de Toby. Ensuite, blotti à l'entrée, j'ai attendu l'assaut du grésil et le pilonnage des bourrasques. Dans les replis de mon sac de couchage, Toby Jug s'était confectionné une niche tout au fond de la tente. Il avait une petite mine pitoyable, tout à fait en phase avec mon ressenti intérieur. Notre randonnée commençait à prendre des allures de désastre. Mais que faire quand le plan le mieux préparé part à vau-l'eau ?

Tout à coup, ma sensation de gêne a été multipliée par dix. Au niveau des pieds et des chevilles, je ressentais une vive démangeaison, de plus en plus insoutenable. Ayant renoncé aux bottes trop encombrantes, je portais un jean et des baskets. En retirant ces dernières, ainsi que mes chaussettes, quelle ne fut pas ma surprise de découvrir une colonne de fourmis furieuses, bien décidées à passer à l'attaque. De toute évidence, j'avais dérangé leur nid en choisissant cet emplacement précis pour planter ma tente. Leurs piqûres devenant de plus en plus vives, je n'ai bientôt plus eu d'autre choix que de quitter mon abri de toile pour sortir sous la pluie.

Et grand bien m'en a pris ! En effet, Lady May était en pleine crise de panique, hennissant et martelant le sol de ses sabots, tirant de toutes ses forces pour échapper à ses entraves. Elle a commencé à caracoler et ruer, en secouant follement la tête, ce qui faisait voler sa crinière. Au seuil d'une nuit de tempête, avec d'abord une invasion de fourmis dans ma tente, puis une jument au bord de l'hystérie, j'ai eu la nette sensation d'être tombé de Charybde en Scylla.

J'ai tenté de calmer Lady May en la caressant doucement tout en lui prodiguant des paroles apaisantes, mais elle était tellement effrayée que rien n'y faisait. J'ai raccourci la longe et libéré ses jambes des entraves. L'opération était d'autant plus délicate qu'elle sautait partout, au point que j'ai eu peur qu'elle ne me piétine les pieds. Du coup, je me suis résolu à la faire marcher un peu pour la calmer.

Je me suis donc retrouvé à mener dans le noir une jument en panique aux abords du château de Dunstanburgh, tandis que le tonnerre grondait et que des éclairs zébraient le ciel. Pour ajouter une note sinistre au contexte, de grands oiseaux de mer, probablement des pétrels fulmars, passaient au-dessus de nous, à peine visibles dans le ciel, en poussant leurs cris inquiétants dans les hurlements du vent. En découvrant les remparts battus par l'orage devant moi, j'imaginais aisément que les lueurs mouvantes provoquées par les éclairs puissent être les apparitions fantomatiques qui avaient fait la renommée de ce lieu.

Lady May était vraiment dans tous ses états. Avec ses sauts de cabri, je commençais à craindre non seulement qu'elle ne m'écrase un pied sous ses sabots ferrés, mais qu'elle ne m'arrache également la longe des mains et s'enfuie dans la nuit. Cela peut arriver à n'importe quel cavalier quand une monture d'ordinaire docile devient un incontrôlable titan d'une demi-tonne. En désespoir de cause, j'ai mis en application une astuce que m'avait donnée un jour un palefrenier du duc de Northumberland au château d'Alnwick. J'ai ôté mon pull, déjà trempé, pour le nouer autour de la tête de la jument. L'effet a été instantané. Aveugle, elle est devenue sacrément plus docile, suffisamment pour que je puisse faire demi-tour en direction du campement. De fait, je commençais à m'inquiéter également pour Toby Jug. Et si les fourmis l'avaient attaqué lui aussi ?

En approchant du campement, j'ai aperçu deux lueurs le long de la plage. Peu après, Barry et Jenny arrivaient. Préoccupés par le subit changement de temps, ils avaient monté une expédition de secours. On imagine aisément combien j'ai été heureux de les voir... Sans perdre une seconde en vaines discussions, nous avons foncé vers la tente.

Jenny tenait une Lady May un peu calmée, pendant que je récupérais un Toby Jug sorti sous l'orage pour venir aux nouvelles. Misérable et dépenaillé, il faisait d'autant plus pitié que les fourmis s'en étaient probablement prises à lui. C'est devenu une certitude par la suite quand je l'ai vu se gratter frénétiquement, ce qui n'était pas dans ses habitudes. Je l'ai fourré dans le porte-bébé, que j'ai enfilé sur mon dos, puis j'ai récupéré Lady May pour la mener au van garé sur le parking à côté de la plage. Barry a démonté la tente, qu'il a transportée avec les sacoches, tandis que Jenny s'occupait de la selle et du harnachement.

Nous avons rapidement atteint l'abri du gigantesque van. J'ai mené Lady May à l'intérieur pour aller l'attacher dans le box. Elle était encore toute tremblante de l'épreuve qu'elle venait de vivre. Ce n'est qu'à ce moment-là que je lui ai retiré mon pull qui lui masquait les yeux. Immédiatement, elle a baissé la tête pour manger le foin posé devant elle.

J'étais trempé jusqu'aux os, mais bien content de ne plus être sous l'orage. Quant à Toby Jug, il était dans le même état que moi. Barry s'est installé au volant et Jenny m'a passé une couverture, en insistant pour que je les rejoigne dans la cabine avant. Un thermos de thé nous a tous réchauffés – et moi en particulier. Au-dehors, la tempête faisait rage. Je me sentais tout engoncé dans mes vêtements dégoulinants. J'avais hâte de retrouver le confort d'une maison. Visiblement heureux d'être sorti de son porte-bébé gorgé d'eau, Toby Jug s'était installé sur le plancher de la cabine, aussi près que possible du chauffage.

L'orage ne s'était en rien calmé quand nous avons rallié le paddock, près du port de Boulmer. La mer déchaînée avait envahi la plage. Les embruns nous fouettaient le visage. C'est une Lady May tranquillisée malgré la tempête que j'ai ramenée à l'écurie. J'ai veillé à ce qu'elle soit amplement pourvue en foin et en eau, avant de chaleureusement remercier encore une fois Jenny et Barry, pressés de rentrer chez eux à présent. J'ai entreposé la selle, les sacoches, la tente, le sac de couchage et tout le reste du fourbi dans la réserve attenante.

Ensuite, j'ai porté un Toby Jug tout silencieux jusqu'à la voiture, où il s'est immédiatement roulé en boule sur le siège passager, aussi ravi que moi de rentrer à la maison. À cet instant précis, je me suis juré de ne plus jamais me lancer dans une randonnée équestre avec camping aux étapes. Cette fois-ci, la chance avait été de mon côté et je m'en tirais à bon compte. Mais cela aurait tout aussi bien pu tourner à la catastrophe pour mon chat, Lady May et moi. Mon imagination débordait d'images précises de tout ce qui aurait pu arriver.

Heureux d'être rentré, j'ai donné un bain rapide à Toby Jug dans l'évier, avant de le frictionner. Ensuite, je me suis immergé à mon tour dans un bain brûlant plein de mousse, avec une bonne tasse de cacao à portée de main. Après cela, j'ai servi une soucoupe de lait bien crémeux et bien chaud à Toby, et nous sommes partis nous coucher dans un lit bien douillet. Le lendemain, nous aurions tout le temps de méditer sur notre échec. Pour l'heure, des draps propres et le doux sommeil de l'épuisement nous tendaient les bras.

Après l'incroyable tourmente de la veille, le lendemain est arrivé avec le soleil, chaud et radieux. Telles sont les vicissitudes du climat. En dépit de l'état qui était le mien au moment d'aller me coucher, je me sentais plein d'énergie. J'avais envie de me lever pour découvrir les surprises que cette belle journée pouvait bien me réserver. Je me suis préparé un solide petit déjeuner composé de bacon et d'œufs frits, accompagnés de beignets de pommes de terre. À côté, j'ai fait cuire des foies de volaille pour Toby Jug, histoire de lui remonter le moral. Malgré notre expérience cauchemardesque, nous n'avons pas tardé à nous retrouver bon pied bon œil, comme si rien ne s'était passé.

J'avais un tas de choses à faire à la maison, mais Lady May était ma première préoccupation. C'est donc sans tarder que Toby Jug et moi sommes partis à Boulmer. Néanmoins, il n'y avait pas de quoi s'inquiéter. À notre arrivée, Jenny était déjà en train d'étriller la jument, qui se laissait faire docilement. Elle avait fait venir le véto qui, après un examen attentif, avait déclaré le cheval bon pour le service. Puisque le temps s'était remis au beau fixe, Jenny a décidé d'aller faire un tour sur la plage avec Lady May.

Ce serait la première fois qu'elle la monterait depuis qu'elle avait sollicité mon aide. Pendant qu'elle sellait la jument, j'ai laissé Toby Jug dans la voiture pour aller prendre un sandwich et une bière au bar.

J'avais à peine eu le temps de m'installer avec mon verre quand Jenny est subitement arrivée, un peu échevelée et en colère, ce qui n'était pas dans son caractère. Je l'ai aidée à s'asseoir en commandant un verre. Quand elle a eu repris son souffle, elle m'a expliqué que Lady May s'était rebiffée et l'avait envoyée valdinguer. Pire, elle avait tenté de la piétiner.

— On dirait bien que c'est la jument d'un seul homme et que vous êtes celui-là, a-t-elle dit en me jetant un coup d'œil accusateur.

Sa mésaventure m'a remis en mémoire celle des deux sœurs quand elles avaient tenté de monter Lady May. J'ai raconté l'histoire à Jenny, mais je voyais bien qu'elle était profondément mortifiée. Outre qu'elle adorait l'équitation, elle était pratiquement née sur un cheval. La pilule avait du mal à passer.

J'ai laissé Jenny avec un verre et en compagnie de Jack, son beau-père à l'oreille compatissante. Je me sentais le devoir d'aller voir comment était la situation dans l'écurie. La selle de guingois sur le dos, Lady May se tenait tassée dans un coin, encore toute perturbée. Je l'ai appelée doucement. Elle m'a répondu d'un hennissement. Elle devait être en pleine confusion. Je me suis approché prudemment. Elle n'a pas regimbé quand je lui ai ôté la selle et son harnais. Ensuite, elle m'a suivi quand j'ai traversé l'enclos jusqu'à la voiture, où Toby Jug commençait à devenir fou de frustration d'être tenu à l'écart. Lady May attendait à la porte du paddock. J'ai laissé sortir Toby et, pendant l'heure suivante, j'ai parlé au chat et au cheval pour les ramener à la sérénité.

Jenny m'a adressé un geste de la main en sortant du bar, puis a marché droit sur sa Land Rover sans un mot. *Elle est sans doute encore contrariée de la réaction de Lady May envers elle*, ai-je songé. *Le temps fera son œuvre.* J'espérais bien que Jenny reprenne contact au cours des jours suivants, mais cela n'a pas été le cas. En attendant, j'avais laissé un cheval calmé en compagnie d'un chat imperturbable juché sur la barrière de l'enclos. Je suis retourné au bar pour finir mon verre et mon sandwich. À mon retour, les deux animaux étaient nez à nez. La paix régnait tout autour d'eux.

J'avais des masses de choses à faire au cottage et je savais que Lady May était entre de bonnes mains. Elle serait bien soignée et bien nourrie. Autant la laisser tranquille quelques jours. Le soleil brillait et l'herbe avait poussé après le gros orage. La jument trouverait plein de choses pour s'occuper dans le pré.

De retour à la maison, j'ai fait des lessives et je me suis occupé des plantes dans la serre. Manifestement enchanté d'être rentré, Toby Jug me suivait comme mon ombre, que j'aille étendre le linge ou tailler des pieds de tomates. Il se réjouissait d'être à mon contact et, bien sûr, son attachement me faisait infiniment plaisir.

Plusieurs jours se sont écoulés avant que je n'aie le temps de rendre une petite visite à Lady May. Mais quand j'y suis allé, cela a été un choc : elle n'était plus là. À la place, il y avait deux ânes dans l'enclos. Renseignements pris au pub, il est apparu que Jenny avait remmené Lady May à la ferme, sans laisser aucun message à mon intention. J'ai pris conscience que Jenny avait parfaitement le droit de faire ce qu'elle avait fait. Après tout, n'était-ce pas sa jument ? Mais j'entrevoyais une intention cachée derrière son geste. De fait, j'avais dans l'idée qu'une part de jalousie n'était pas étrangère à sa décision. J'ai fait le choix de ne rien faire, de ne pas réagir pour l'instant. Toby Jug n'a pas voulu rentrer sans aller d'abord s'assurer que l'écurie était vide. Que son amie Lady May était effectivement partie.

Après réflexion, j'ai conclu que je ne pouvais rien faire, à moins d'aller affronter Jenny pour crever l'abcès. C'est donc dans un état d'esprit un peu ébranlé que je suis reparti.

Toby Jug et moi avons repris notre routine habituelle en période de vacances : jardinage et promenades au bord du fleuve. Néanmoins, au fond de moi, je m'inquiétais pour Lady May. Ce que faisait Jenny ne me regardait pas, à la nuance près qu'elle avait sollicité mon aide, que je lui avais bien volontiers accordée. Et voilà que je me retrouvais privé de tout contact avec un cheval pour lequel je m'étais pris d'affection. C'était un vrai manque de courtoisie et je me sentais blessé. Les jours ont continué de passer pour devenir des semaines. Toujours aucune nouvelle.

Et puis, un dimanche soir, on a frappé à la porte. Le fracas m'a tiré si brutalement de mon sommeil que je ne savais même plus où j'étais. Comme j'avais piqué du nez en lisant le roman de guerre *H.M.S. Ulysses* de l'écrivain écossais Alistair MacLean, j'ai vraiment cru l'espace d'un instant être à bord d'un navire touché par une torpille. J'ai allumé la lumière et regardé la pendule, un peu hébété. Un peu plus de 2 heures du matin. On était aux alentours de la mi-août et le ciel était encore noir. En me demandant qui cela pouvait bien être, j'ai ouvert la porte pour tomber sur Barry, la mine défaite et aux quatre cents coups.

— Lady May a fait un malaise hier, a-t-il débité le souffle court. Impossible de la relever. Le véto est venu et nous a dit que son cœur avait lâché. Il n'y a plus rien à faire à part l'endormir. Jenny est profondément bouleversée. Elle a pensé que vous aimeriez la voir avant qu'elle ne passe.

J'ai senti la bile me remonter dans la gorge et le sang me battre aux oreilles.

— J'arrive tout de suite, ai-je répondu, à son évident soulagement.

Il est reparti et je suis resté assis un instant pour digérer la nouvelle.

— Dieu seul sait ce que cet animal a pu endurer, ai-je dit à voix haute.

Pendant que je me préparais, un Toby Jug un peu hagard m'a rejoint en me lançant un regard interrogateur.

— Je sais ce que tu penses, ai-je dit. Mais il s'agit d'une urgence. Lady May est en train de mourir et elle a besoin de nous.

Il a semblé saisir plus ou moins le sens de mes paroles. Mais il a parfaitement perçu la note désespérée dans ma voix. Sans émettre la moindre objection, il m'a suivi jusqu'à la voiture.

Barry guettait notre arrivée. Avec Toby dans les bras, je l'ai suivi sans perdre un instant. Il nous a menés dans le grand box où Lady May était couchée sur la paille. En la voyant, j'ai senti mon cœur se serrer. Elle a tenté de lever la tête en m'entendant la saluer. Toby Jug est immédiatement venu se poster devant elle pour lui lécher le museau. Je me suis agenouillé pour lui caresser l'encolure en lui murmurant de douces paroles de réconfort. Tandis que je la câlinais, elle s'est soudain mise à renifler comme si quelque chose l'encombrait. Puis j'ai compris qu'elle sanglotait. Des larmes lui coulaient des yeux.

Toby Jug continuait de lui lécher le museau pendant que je la caressais en me demandant ce que je pourrais bien faire pour la réconforter. Soudain, l'idée m'est venue de lui chanter quelque chose. J'ai donc entonné un air qu'elle devait bien connaître puisqu'elle l'avait souvent entendu pendant notre randonnée. Une chanson de cow-boy traditionnelle intitulée *Home on the Range*. J'espérais que mon chant l'apaise et la rassure. Qu'elle sache que je ne l'avais pas oubliée et que je resterais aussi longtemps qu'elle voudrait.

Je ne sais pas combien de temps s'est écoulé, mais à un moment Lady May a poussé un hennissement rauque avant d'émettre un terrible soupir. C'était fini. Elle était partie. Toby Jug a cessé de la lécher. Je me suis tu. Nous savions tous les deux qu'elle était morte. Toby Jug a commencé à gémir et j'ai enfoui mon visage dans sa crinière soyeuse pour pleurer. Jenny est arrivée, le visage baigné de larmes. Un poing devant sa bouche, elle semblait profondément remuée.

J'ai ramassé Toby Jug, qui ne voulait pas quitter le corps de son amie, puis murmuré « Adieu, ma belle » à mon cheval. Car oui, dans les faits, elle avait été « mon cheval », et je savais qu'elle m'avait aimé. Sa disparition me brisait le cœur. Je m'en voulais de n'avoir rien dit à Jenny après qu'elle avait emmené la jument loin de moi. J'avais cru que les choses s'arrangeraient d'elles-mêmes. Lady May avait besoin de moi et de Toby, et je l'avais laissée tomber en ne venant pas la chercher à la ferme. Je me sentais terriblement mal et je voyais bien que Toby Jug était perturbé. Il avait déjà vécu beaucoup de choses dans sa courte vie. À présent, voilà qu'il venait de perdre une amie.

Je n'ai rien trouvé à dire à Jenny. Je luttais déjà pour contenir mon propre chagrin. Malgré le diagnostic du véto, qui avait parlé de crise cardiaque, j'avais le sentiment que Lady May avait aussi eu le cœur brisé en s'imaginant que je l'avais abandonnée. Un jour prochain, j'irai à Boulmer graver son nom en grand sur le tronc du marronnier sous lequel elle aimait s'abriter. Un mémorial en souvenir d'un cheval exceptionnel. Elle ne serait pas oubliée.

Je me sentais émotionnellement vidé. Après notre retour, j'ai écouté beaucoup de Puccini et de Verdi pendant quelques jours pour mettre du baume sur les blessures affectives que m'infligeait cette terrible histoire. L'image de Lady May me hantait. Quoi que je fasse, elle occupait perpétuellement mon esprit. Toby Jug et moi nous réconfortions mutuellement. Nous écoutions de la musique et faisions de longues balades dans les bois.

Au bout d'un certain temps, j'ai éprouvé le besoin de faire une coupure, de fuir pour retrouver mes esprits. Sous le coup d'une impulsion, j'ai décidé de partir droit devant, au petit bonheur. J'ai préparé un sac avec le strict minimum, un paquetage avec quelques vêtements étanches. Puis, chaussures de randonnée aux pieds, j'ai pris mes cartes du Lake District.

Avant de partir, j'ai appelé Laura, une voisine, pour lui demander de bien vouloir nourrir Toby Jug et le faire rentrer dans le cottage la nuit. Comme j'avais l'intention de vivre « à la dure » quelques jours dans un lieu guère fait pour les chats, je ne voulais rien imposer à Toby. Je l'ai caressé et câliné en lui expliquant que j'avais besoin d'être seul pour exorciser quelques démons, mais que je serais bientôt de retour. Comme Toby connaissait Laura, cet arrangement ne poserait aucun problème. Après avoir montré à notre amie l'armoire aux boîtes de nourriture pour chat, je lui ai laissé les clés et je suis parti. Dans le rétroviseur, j'ai vu Toby Jug qui me regardait m'éloigner depuis son poste d'observation en haut du vieux pommier.

Tout en traversant le nord de l'Angleterre d'est en ouest par l'autoroute M6 en direction du Lake District dans le comté de Cumbria, je remâchais les événements de ces derniers mois. Les animaux avaient une importance immense pour moi. S'ils n'avaient pas été là, j'aurais vécu sans amour, privé de compagnie. Toby Jug contribuait grandement à donner un sens à ma vie. Et Lady May avait énormément compté aussi.

Sa mort avait rompu l'équilibre, me laissant dans un état de vulnérabilité. Il fallait que je trouve un moyen pour surmonter la douleur de sa disparition. J'étais donc en route pour un « sommet » dans les montagnes du parc, afin d'aller puiser de la force dans les réserves d'énergie de la nature. Après un deuil, c'est bien souvent auprès d'elle qu'on peut se ressourcer. C'était exactement ce dont j'avais besoin.

J'ai quitté l'autoroute pour rejoindre le lac d'Ullswater par les petites routes sinueuses, puis j'ai longé l'étendue d'eau jusqu'au village de Glenridding, où je me suis garé. Sac à dos à l'épaule, j'ai attaqué droit devant par le sentier pierreux qui monte devant l'auberge de jeunesse en direction du sommet du Catstycam. Au-delà, j'apercevais la masse du Helvellyn, qui culmine à neuf cent cinquante et un mètres.

Le dernier tronçon de l'ascension jusqu'au plateau sommital du Helvellyn n'a pas été une mince affaire. J'ai dû m'arrêter pour reprendre mon souffle. Il y a quelque chose de fascinant à se tenir au sommet d'une montagne, un sentiment unique dans lequel se mêlent la sensation de liberté et la satisfaction de l'effort accompli. L'air y est plus vif, la vue plus belle et le ciel plus vaste. Il n'y avait pas un seul nuage dans l'azur. Je me suis allongé par terre pour laisser entrer en moi toutes les merveilles de la nature.

Plus tard, en faisant le tour du mont arrondi pour jouir de la vue, je suis tombé sur un homme assis en train de fumer devant une petite tente. Il m'a salué en m'invitant à me joindre à lui. Dans un gobelet en plastique, il m'a servi un vin blanc que j'ai trouvé très rafraîchissant. Nous avons échangé nos prénoms, puis il m'a dit qu'il était professeur à l'université. Nous avions donc beaucoup de choses en commun. Dans la conversation, il s'est étonné de la présence de petits moucherons à cette altitude. Comme ces petites bêtes avaient une piqûre très urticante, il fumait un cigare pour les tenir éloignés. Nous avons bavardé un moment, mais, comme l'après-midi touchait à sa fin, il me fallait repartir.

Je l'ai laissé pour suivre mon chemin. Mon objectif était de redescendre par l'autre versant – un choix qui s'est finalement révélé bien imprudent. Dans un premier temps, tout s'est bien passé, jusqu'à ce que j'arrive à une partie escarpée du sentier, sur une arête connue sous le nom de Striding Edge, le « chemin de crête ». Peut-être commençais-je à être fatigué, en plus de tout ce qui m'encombrait l'esprit, toujours est-il que je n'étais pas suffisamment concentré. Conclusion, j'ai trébuché et basculé dans le vide. La chute m'a paru durer longtemps, tandis que je rebondissais sur les rochers. J'ai senti mes côtes se briser, puis ma tête a tapé violemment le sol et j'ai perdu connaissance.

J'ai rouvert les yeux dans une brume opaque, le corps traversé d'élancements, avec une sensation humide sur le visage. C'était un chien qui me léchait, un labrador noir, appartenant à un couple qui randonnait en aval et avait assisté à ma chute. Après m'avoir aidé à me remettre debout, ils m'ont fait boire de l'eau à une gourde. Voyant à quel point j'étais sonné, et perclus de douleurs avec ça, ils ont insisté pour me raccompagner à ma voiture dès que j'ai été en mesure de marcher. Fort opportunément, la leur était stationnée à côté.

Sur le parking, ils m'ont administré quelques premiers soins, notamment à la tête, où une plaie s'était mise à saigner. Ils voulaient appeler une ambulance, mais je les en ai dissuadés. Néanmoins, ils ont insisté pour que je les accompagne jusqu'à un salon de thé. J'ai bu un café très fort, avec un nuage de lait, après quoi je me sentais suffisamment ragaillardi pour rentrer. J'ai chaleureusement remercié mes sauveteurs en jouant la comédie pour masquer mon état afin de ne pas les inquiéter.

Initialement, j'avais eu dans l'intention de passer la nuit à Glenridding. À présent, j'avais hâte d'être rentré. La route a été un véritable cauchemar. Comme je m'étais blessé à l'épaule droite, je n'avais que la main gauche pour conduire. Et elle n'était pas en très bon état. Par moments, je me sentais sur le point de défaillir tant la douleur était grande. Néanmoins, au bout de quelques heures, je suis arrivé. Comme je me garais devant le cottage, Toby Jug est venu m'accueillir.

Clopin-clopant, je suis rentré dans mon sanctuaire pour m'écrouler dans le fauteuil devant la cheminée. Je n'ai même pas eu la force d'allumer un feu. Je suis resté assis, un grand verre de brandy à la main. Toby ronronnait sur mes genoux. J'ai sombré dans un profond sommeil.

Quand j'ai repris conscience, ma voisine Laura était penchée sur moi, une expression inquiète sur le visage. Il était 7 h 30 du matin. Venue pour nourrir Toby, elle avait vu ma voiture et compris que j'étais rentré. Après un bref compte-rendu de ma mésaventure, suivi d'une rapide évaluation de mon état, elle est allée appeler le médecin à la cabine téléphonique au bout de la rue. L'homme de l'art lui ayant répondu que le mieux était de m'envoyer à l'hôpital, elle a contacté une ambulance.

Quand celle-ci est arrivée, j'étais tellement endolori de partout que je n'ai même pas pu me lever. Heureusement, les ambulanciers étaient de vrais professionnels. Ils m'ont attaché dans un engin en forme de chaise, puis collé un masque à oxygène sur le visage, avant de me convoyer sans retard au Royal Victoria Infirmary, l'hôpital de Newcastle-upon-Tyne. La vision de Toby Jug aux pieds de Laura, qui me regardait quand j'ai été chargé dans le véhicule, est une image restée gravée dans ma mémoire. Il avait l'air désespéré. Même si je ne l'ai pas entendu, je sais qu'il gémissait de me voir arraché à lui. J'étais bien heureux que Laura soit là pour s'occuper de lui en mon absence.

Après mon admission, mes nombreuses coupures et contusions ont été ravaudées, puis j'ai été mis sous perfusion. Pour mon épaule droite luxée, j'ai bénéficié de l'attention d'une soignante spécialisée, au physique robuste. Au terme de son examen, elle m'a annoncé qu'elle allait devoir remettre la tête de l'humérus dans la cavité de l'articulation, en précisant que j'aurais probablement mal.

— Mais j'ai déjà mal, ai-je répondu.

En me prenant fermement le bras d'une main, elle a glissé de l'autre un morceau de cuir entre mes dents en me recommandant de mordre très fort. Puis elle a manipulé mon bras en opérant une violente traction accompagnée, m'a-t-il semblé, d'un genre de torsion. Un éclair de douleur comme je n'en avais jamais ressenti a explosé dans ma conscience, et je me suis évanoui.

Je suis revenu à moi dans un lit, toujours à l'hôpital. Mon épaule droite était maintenue dans un bandage serré et j'avais le bras en écharpe. Une infirmière de nuit m'a apporté une tasse de thé et tout un cocktail de médicaments, dont une bonne dose d'antibiotiques. Après cela, j'ai sombré dans le profond sommeil de l'épuisement.

Je n'étais sans doute pas le patient idéal : je ne cessais pas de dire que je voulais rentrer chez moi. Malheureusement, ma chute avait déclenché une infection des voies respiratoires carabinée, qui devait être présente à l'état latent depuis la saucée pendant la randonnée avec Lady May. Du coup, je suis resté presque deux semaines hospitalisé avant d'être renvoyé dans mes foyers. J'avais des côtes cassées en plusieurs endroits, mais la guérison pouvait se faire sans immobilisation. C'était parfait pour moi, à la nuance près qu'au moindre mouvement, toux ou éternuement j'avais droit à une douleur aussi fulgurante qu'un coup de poignard.

Enfin, un minibus de l'hôpital m'a ramené à ma porte. M'ayant vu arrivé, Laura est venue en hâte s'enquérir si j'avais besoin d'aide. Après l'avoir remerciée d'avoir veillé sur ma maison, je lui ai demandé, non sans une pointe d'inquiétude, où était Toby Jug.

—Je suis désolée, mais je ne sais pas. Cela fait deux jours que je ne l'ai pas vu. Et avant cela il passait son temps soit dans le pommier à guetter votre retour, soit sur votre lit. Autant que je puisse en juger, il n'a rien mangé de ces quatre derniers jours. Apparemment, il se languissait de vous, sans parvenir à se changer les idées. Avec mon mari, nous avons cherché partout, en vain. Je suis vraiment désolée d'avoir à vous annoncer une telle nouvelle, a-t-elle conclu d'une voix sourde.

Encore une fois, je l'ai remerciée pour tout ce qu'elle avait fait, mais la nouvelle qu'elle m'avait annoncée m'avait mis le cœur en surrégime. Après le départ de Laura, je suis resté dehors pour siffler et appeler Toby Jug, mais toujours rien. J'ai fouillé tout le jardin, au cas où il serait caché sous un buisson, sans trouver la moindre trace de mon chat. Pour finir, pensant qu'il pouvait être sous un lit ou au fond d'un placard, j'ai passé toute la maison au peigne fin. Toby Jug n'était nulle part.

Finalement, je me suis souvenu du vieil appentis. Doucement, je me suis glissé à l'intérieur et, à mon infini soulagement, je l'ai trouvé dans un coin sombre. Mais quelle mine... Misérable et désespéré, le pauvre chat avait l'air d'un pauvre hère abandonné. Il a gémi quand je l'ai pris dans mes bras pour le câliner, alors que mes côtes me faisaient un mal de chien. Je l'ai porté tendrement à l'intérieur, où je l'ai longuement brossé à petits gestes attentionnés. C'est qu'il avait sacrément besoin d'une bonne toilette. D'ordinaire méticuleux et soigneux, les chats font très attention à leur apparence. Moi, j'avais retrouvé un Toby négligé comme s'il avait renoncé à tout espoir de me revoir un jour. J'avais le sentiment qu'il s'était retiré dans la petite remise pour y mourir.

Peu à peu, à force de caresses et de petits mots gentils, Toby s'est ranimé, mais il est resté longtemps à me tourner autour comme pour s'assurer que c'était bien moi, en chair et en os, qui me tenais devant lui. Cela avait été un grand choc pour lui de me voir emporté dans l'ambulance, ficelé sur un brancard. D'habitude, quand je m'absentais pour quelques jours, je le laissais chez ma mère. Il connaissait la routine. Mais là j'avais disparu deux fois, coup sur coup, et pour une quinzaine de jours la seconde fois. Il avait dû penser que je ne reviendrais jamais. Comme Lady May. J'avais laissé tomber mon Toby Jug adoré pour une escapade à laquelle je ne l'avais pas convié, et où j'avais trouvé le moyen de me blesser. J'avais beaucoup à me faire pardonner. Sans tarder, je m'y suis attelé, en essayant de faire de mon mieux.

Le cottage était bien triste. Malgré mon épaule toujours douloureuse et mon bras en écharpe, j'ai allumé un feu, puis décidé de nous mitonner un bon repas. Mais, pour cela, j'allais avoir besoin de quelques provisions. Toby Jug me suivait comme mon ombre. Accroché à mes basques comme la bernique à son rocher, il m'a suivi dans le garage pour être le premier dans la voiture. À l'évidence, il était décidé à ne plus me laisser aller nulle part sans lui. Dans la rue commerçante de Felton, je me suis garé devant la boucherie, où j'ai acheté un beau morceau dans le faux-filet. Ensuite, j'ai pris du pain et du lait à l'épicerie. Au retour, je suis passé chez Laura lui annoncer que j'avais retrouvé Toby, et lui offrir aussi un bouquet de fleurs et une boîte de chocolats.

À la maison, la viande n'a pas tardé à cuire dans la grande poêle, avec quelques pommes de terre, carottes et oignons. Nous avons pris place comme d'habitude, l'un en face de l'autre. Installé sur sa chaise, Toby Jug avait son assiette devant lui, avec sa part du steak coupé en petits morceaux. Nous nous sommes régalés. Toby a prudemment évité les légumes, mais littéralement dévoré sa viande. Incontestablement, il était affamé.

Rassasiés et heureux d'être de nouveau ensemble, nous nous sommes installés devant le feu pour écouter *La Belle au bois dormant* de Tchaïkovski. Quand la musique s'est tue, le feu était presque mort. Un homme et un chat harassés ont monté l'escalier pour aller se coucher. Le retour au foyer était enfin complété. Après une absence forcée, il n'y a pas de plus grand bonheur que de retrouver son lit et de se glisser entre les draps.

Tout en me pelotonnant sous les couvertures avec le poids réconfortant de Toby Jug sur les chevilles, la pensée m'est venue qu'une page importante de ma vie venait de se tourner. Mais, comme j'avais survécu, je devais me tenir prêt à vivre tout ce que l'avenir me réservait. Dans un rêve que j'avais fait pendant mon séjour à l'hôpital, je m'étais vu en train de chevaucher Lady May le long d'une plage dorée, tandis que le soleil couchant baignait la mer et le ciel d'une lumière orange. J'étais si heureux en cet instant qu'en me réveillant dans le froid de ma chambre grise et nue je m'étais mis à pleurer. Oh, comme elle manquait ! En la perdant, j'avais aussi perdu l'amitié qui nous unissait et, pour un caprice stupide, j'avais bien failli perdre mon chat aussi. Personne ne peut dire que sa vie est un lit de roses, mais perdre un compagnon est toujours un traumatisme. Jamais je n'ai oublié Lady May. Elle me manque toujours. Aujourd'hui encore, quand je vois un cavalier sur un pré ou une plage, mon cœur se serre et j'éprouve un sentiment de remords mêlé d'envie.

Au cours des semaines suivantes, j'ai peu à peu recouvré ma santé et repris des forces. Et un nouvel épisode s'est ouvert dans nos vies…

Cap au large

Les côtes et paysages marins du Northumberland sont d'une beauté inégalée. Particulièrement enchanteresse, la région autour du château de Bamburgh attire de nombreux artistes et cinéastes. La baie de Beadnell est ma préférée. Ne sachant trop que faire en cette fin d'été, je m'y suis rendu à plusieurs reprises pour explorer les trous d'eau laissés par la marée, et découvrir la faune et la flore marines.

Parfaitement dans son élément, Toby Jug reniflait chaque tas d'algues qu'il croisait, et le moindre morceau de bois flotté. Il adorait rôder en tapinois autour des petites mares dans les rochers, dans le style « chat furtif », observant fasciné les mouvements des lançons et des petits crabes dans les profondeurs.

À cette époque, je le gardais toujours en laisse, à cause des promeneurs qui venaient avec leurs chiens. J'emportais aussi avec moi un solide bâton pour dissuader tout mâtin décidé à s'approcher trop près. J'adore les chiens, mais mon chat plus encore. En cas d'attaque, j'avais une stratégie de défense : tirer sur la laisse accrochée au harnais pour décoller

Toby du sol et le rattraper au vol. Heureusement, ce cas de figure ne s'est jamais présenté. À la plage, les chiens que nous rencontrions étaient trop occupés à courir après des baballes, des bâtons ou d'autres chiens. Quand la population canine devenait trop importante et que la marée était haute, nous nous replions dans les dunes bordant la plage. De cette position élevée, nous contemplions le ciel et la mer.

Au cours d'une de ces sorties, je suis tombé sur une connaissance, Lionel, qui est devenu par la suite un ami. Je l'avais rencontré dans une école à Rothbury, dont il était le directeur. Je l'ai immédiatement reconnu, debout au bord de l'eau, occupé à gréer son bateau pour une sortie en mer. Il m'a salué, puis invité à naviguer avec lui. Son embarcation était un dériveur Enterprise bordé à clins, suffisamment grand pour deux hommes et un chat. Une petite brise soufflait ce matin-là. Nous avons fait plusieurs circuits autour de la baie.

Pour moi, l'expérience était grisante. J'avais envie d'en découvrir plus. Lionel m'a alors proposé de m'apprendre à naviguer. Malheureusement, la navigation inspirait à Toby Jug des sentiments pour le moins mitigés. À bord, il me jetait sans cesse des regards inquiets et miaulait misérablement pendant les manœuvres, surtout quand il était éclaboussé d'eau salée lors d'un virement de bord. Je le caressais pour le rassurer en lui recommandant de profiter de l'expérience sans quoi il me faudrait le laisser à la maison la prochaine fois. En bon petit chat intelligent, il a paru comprendre le message.

Plus tard au cours de la semaine, j'ai rejoint Lionel pour ma première leçon. Toby Jug ne m'a pas lâché d'une semelle quand nous avons traversé la plage en direction de l'eau, où l'embarcation déjà gréée n'attendait plus que nous. Pour commencer, Lionel nous a exposé quelques procédures de sécurité. Après avoir enfilé un gilet de sauvetage, je suis monté à bord du dériveur de quatre mètres cinquante de long. Toby Jug m'accompagnait.

Juste avant de pousser le bateau dans l'eau, et pour parer à toute éventualité, j'avais attaché un brassard gonflable au harnais de Toby – comme ceux que mettent les enfants pour aller se baigner.

La matinée était magnifique, évocatrice de souvenirs euphoriques de mes premiers pas à la plage. Plus encore que les images, c'étaient les odeurs qui faisaient venir ces réminiscences : les algues et le sable humide, ainsi que le sel sur les lèvres. J'avais un souvenir très précis du goût du sable dans ma bouche. Il me venait d'un midi où j'avais mangé en contemplant la mer un sandwich à la tomate que ma mère m'avait donné. Comme j'avais passé la matinée à construire un château, le sable venait de mes doigts. Les cris des mouettes et le bruit des vagues résonnaient en nous, comme un appel venu de la mer nous invitant à rejoindre le large.

Sans même dire un mot, Lionel et moi avons fait glisser notre esquif sur la houle paisible. Nous avons avancé, propulsés par l'élan, mais il n'y avait pas le moindre vent. Les voiles pendaient immobiles sous le chaud soleil. Le bateau a cessé de glisser. On n'entendait plus que le murmure rythmique des vaguelettes léchant les flancs de la coque. Encore un moment rare et précieux à savourer pleinement.

— Voyons voir si on peut trouver du vent. On devrait avoir plus de chances vers le large, a dit Lionel en me tendant une rame.

Nous nous sommes donc attelés pour faire avancer notre embarcation vers un horizon perdu dans la brume. J'étais assis sur un banc près de la barre, tandis que Lionel avait pris place à la proue, où il pouvait manœuvrer les voiles. Installé à mon côté, Toby Jug semblait sacrifier à la sieste. Néanmoins, je savais qu'il n'était pas follement heureux d'être en mer. Je sentais bien qu'il restait sur le qui-vive et suivait d'un œil méfiant tous nos faits et gestes.

Tout à coup, nous avons eu un visiteur : un oiseau de mer à l'immense envergure.

— Ce ne serait pas un fou de Bassan, ai-je conjecturé tandis qu'il tournoyait au-dessus de nos têtes comme pour surveiller nos actions.

— Un goéland argenté, m'a corrigé Lionel. Il veut savoir si on attrape du poisson.

Pour être certain de n'avoir rien loupé, l'oiseau a refait un passage en rase-mottes au-dessus de nous en lançant un cri strident, avant de repartir ailleurs dans l'immensité du ciel. Mon aviron ridait la surface de l'eau. Les rayons du soleil plongeaient droit dans l'onde, révélant un banc de minuscules poissons d'argent. Plus bas, j'ai aperçu des silhouettes sombres ponctuées d'éclairs métalliques qui se déplaçaient sur les rochers juste en dessous de nous. Voyant mon intérêt pour les fonds marins, Toby Jug s'est risqué à regarder par-dessus bord à son tour. Et la vue des créatures sous-marines l'a tellement captivé que j'ai craint un instant qu'il ne saute dans l'eau. J'ai raffermi ma prise sur sa laisse.

Nous avons encore pagayé un moment à la recherche du vent, mais c'était une matinée exceptionnellement calme, avec une beauté singulière et figée extrêmement rare sur les côtes du Northumberland. Ce jour-là, les conditions climatiques m'ont rappelé des histoires de galions de l'époque Tudor encalminés faute de vent et dérivant sur des mers immobiles. Finalement, nous avons renoncé et sommes restés tranquillement assis à apprécier la saveur du moment. Mais rien ne dure éternellement, et notre patience a été récompensée. Une petite brise s'est levée, du côté du large tout d'abord, où un petit moutonnement est apparu à la surface. Et l'air est venu agiter nos voiles. L'étrave de notre embarcation a commencé à fendre les flots, sur lesquels de petites vagues se formaient, puis nous avons pris de la vitesse pour traverser la baie de Beadnell, dans un sens puis dans l'autre.

J'ai vécu une matinée exaltante à me familiariser avec les manœuvres et tactiques de la navigation. J'en ai adoré chaque instant, mais je crains fort que Toby Jug n'ait pas partagé mon enthousiasme. J'ai pris la décision de ne plus le soumettre à pareille expérience.

Nous avons rejoint la terre ferme et dégréé le bateau, puis j'ai porté Toby dans mes bras jusqu'à la voiture. Je l'ai laissé, roulé en boule sur la banquette arrière pour une sieste réparatrice, en prenant la précaution de laisser les quatre fenêtres entrouvertes pour rafraîchir et ventiler l'habitacle. Ensuite, je suis retourné aider Lionel à remonter son dériveur jusqu'à sa caravane, juste de l'autre côté des dunes.

Pendant que Lionel mettait tout son matériel à l'abri, je me suis rendu en voiture jusqu'au village voisin de Seahouses pour acheter du *fish and chips* à emporter pour nous tous au restaurant *Neptune* dans la rue principale. Quand je suis rentré avec mes emplettes, Toby Jug avait retrouvé tout son tonus. C'est sans la moindre difficulté qu'il a pu se joindre à nous pour le déjeuner.

Cet instant de détente dans la caravane de Lionel m'a donné une idée. Aux abords de la plage, j'avais remarqué qu'il y en avait un certain nombre proposées à la location.

Sous le coup d'une impulsion, j'en ai pris une pour un mois, pour Toby Jug et moi. Et grand bien m'en a pris puisque le beau temps s'est maintenu pendant toute cette période.

Ce changement de décor nous a fait du bien à tous les deux, d'autant plus que Toby s'est parfaitement adapté à cette nouvelle vie. Il appréciait tout particulièrement la vue par les grandes fenêtres. L'observation des lapins, qui sortaient pour se nourrir le soir et le matin, le mettait en transe. Mais il était également ravi de rester en permanence en ma compagnie, sauf quand je rejoignais Lionel pour les leçons de navigation.

Seahouses étant un port de pêche, nous en avons aussi profité pour manger du poisson frais tous les jours. De la truite de mer pochée dans du lait entier, de la morue frite du restaurant de poissons d'à côté, ou des kippers, ces succulents harengs gras et fumés que j'allais acheter à l'*Olde Ship Inn*. Cet établissement qui surplombe le port de Seahouses est surtout fameux pour son bar dont l'aura évoque les temps anciens où pêcheurs et marins venaient y boire leur rhum et leur bière accoudés à l'antique comptoir de bois poli. Les murs de la pièce un peu sombre sont ornés d'objets divers récupérés sur de vieux bateaux : lanternes, gouvernails, baromètres, pendules, filets. De grosses bouées de liège sont suspendues au plafond et des maquettes de navires sous verre sont exposées, au milieu de portraits d'équipages et de gens de mer depuis longtemps disparus. C'était un lieu qui m'évoquait *L'Île au trésor* de Robert Louis Stevenson.

Par un matin de grand soleil, Lionel est arrivé tout excité à notre caravane. Des pêcheurs venaient de lui annoncer l'arrivée de bancs de sardines près de la côte. En mettant le bateau à l'eau sans traîner, nous avions de bonnes chances de réaliser quelques prises. Sur un au revoir rapidement expédié à Toby Jug, je l'ai rejoint pour haler sa petite embarcation sur la plage. Un vent soutenu ridait la surface de la mer. Lionel a gréé et hissé les voiles, et nous nous sommes lancés dans les vagues.

Assis à la poupe, Lionel barrait et s'occupait des voiles en même temps, pendant que j'explorais le contenu d'une grande boîte, avec pour mission de faire le tri dans son matériel de pêche. Les sardines venant se nourrir près de la surface, inutile de sortir des lignes trop lestées. Des petits plombs suffiraient pour descendre nos bas de ligne équipés de plumes à un mètre sous la surface.

Nous avons mis cap au large et, en un rien de temps, nous sommes tombés sur un vol de mouettes tournant et plongeant en un ballet infernal et criard.

— Elles ont trouvé les sardines, a dit Lionel. Rejoignons-les.

Nous avons filé sur elles aussi vite que nos voiles nous le permettaient et, bien vite, nous avons été au-dessus des bancs. Installé au milieu de la coque, j'ai laissé filer dans l'eau une ligne « mitraillette » de chaque côté. Presque immédiatement, j'ai senti une traction sur chacune d'elles. Ça mord ! À partir de cet instant, je n'ai cessé de plonger et sortir les lignes, avec chaque fois trois ou quatre magnifiques poissons à la peau noir, bleu et argent à décrocher des hameçons. Pendant ce temps, Lionel manœuvrait avec précision pour nous maintenir dans le périmètre poissonneux. Je n'ai pas tardé à me retrouver avec un plein seau de prises. Il était déjà temps de retourner au rivage. Comme nous repartions, deux ou trois petits bateaux de pêche arrivaient de Seahouses pour prendre le relais. Nous venions de vivre deux heures follement excitantes.

Comme la marée était haute, nous n'avons pas eu à remonter le bateau sur une trop longue distance, ce qui était aussi bien puisque les efforts de la matinée nous avaient épuisés. J'ai convié Lionel à venir prendre un café dans ma caravane, où j'ai apporté notre butin pour le montrer à Toby Jug. La vue et l'odeur des poissons l'ont hypnotisé. Il s'est mis à tourner autour en reniflant les sardines entre deux petits coups de pattes. À une ou deux reprises, il a levé un regard interrogateur en miaulant pour demander une explication, ce qui nous a bien fait rire.

— Comment va-t-on les cuisiner ? ai-je demandé.

— Au barbecue, en brochettes, comme ils font en Espagne et en Grèce, a répondu Lionel. On les mangera ce soir.

Et c'est exactement ce que nous avons fait. Jamais encore je n'avais mangé du poisson avec un goût pareil. Les sardines étaient si fraîches que leur chair me fondait dans la bouche. Ce n'est pas sans une certaine satisfaction que j'ai regardé Toby Jug razzier sa portion en deux temps trois mouvements. Jusqu'alors, je ne connaissais que les sardines en boîte immergées dans la sauce, que je mangeais sur une tartine de pain beurrée. Au demeurant délicieuses, elles n'arrivaient tout de même pas à la cheville de celles que nous avions pêchées. Véritable révélation pour moi, ces superbes poissons me paraissaient dignes d'un repas de gourmet.

— Rien ne vaut un poisson frais qu'on a pêché soi-même. Quelle que soit la façon dont on le cuisine, a dit Lionel, synthétisant parfaitement ma pensée.

S'ajoutait à cela le plaisir de voir Toby Jug se délecter de son premier poisson extra-frais, tout juste sorti de la mer.

Au chapitre des découvertes exquises pendant la pratique de la voile en ces chaudes journées d'été, il y a eu aussi toutes ces fois où nous nous sommes retrouvés en panne de vent à deux ou trois kilomètres au large. Nous ancrions alors le bateau en passant par-dessus bord la grosse pierre attachée à une corde que Lionel utilisait comme ballast. Ensuite, nous nous glissions dans l'eau pour une baignade délicieuse, en prenant quand même la précaution de rester aussi près que possible du bateau, au cas où un courant nous ferait dériver. Nager en pleine mer procurait une sensation phénoménalement excitante. Il n'y avait pas une terre en vue et les fonds marins descendaient à une profondeur inconnue. L'eau était formidablement fraîche sous la surface et divinement chaude là où le soleil la rencontrait. C'était un bonheur incomparable. Aucun millionnaire sur son yacht n'aurait pu avoir mieux. Parfois, nous allions nager tour à tour. Néanmoins, quand nous étions en même temps dans l'eau, il était entendu qu'un de nous deux au moins restait accroché à l'ancre.

Par un après-midi brûlant, après ma leçon de voile du matin, j'ai emmené Toby Jug en voiture faire un petit tour jusqu'au château de Bamburgh. En traversant Seahouses, je me suis arrêté pour acheter de la glace chez *Coxon's*, ainsi qu'une grande barquette de fraises au marché. Quand nous sommes arrivés à Bamburgh, il faisait une chaleur de four dans la voiture. Je me suis garé derrière le château, j'ai mis sa laisse à Toby, puis nous nous sommes mis en quête d'un coin ombragé sur la plage pour notre dégustation.

Une fois que nous fûmes installés, j'ai déposé une belle part de crème glacée dans le bol de Toby, que j'emporte toujours dans la voiture, avant de faire de même pour moi – plus les fraises – dans le grand gobelet de mon thermos. Tout d'abord, Toby Jug a été étonné par le froid, au point de lever un regard qui semblait demander : « Tu crois que je peux en manger ? Ça ne va pas me faire de mal ? » Quand il m'a vu goûter, il a plongé le museau dans son bol pour se délecter sans retenue de cette sensation nouvelle. Quant à moi, j'ai englouti ma part si vite que j'ai eu ce qu'on appelle la « céphalée de la crème glacée », également connue, selon un ami médecin, sous le nom de « gel du cerveau ».

Nous avons passé deux ou trois heures très agréables à contempler les grands voiliers au large. D'autres souvenirs me sont revenus, d'une époque où toute cette région d'Alnwick et Bamburgh avaient été le cadre d'événements particuliers. À présent que Toby était un grand « petit chat », je voulais qu'il connaisse tous les détails de notre histoire commune. Aussi, de la même manière que je lui avais raconté quelque temps auparavant l'histoire de sa découverte dans la grange, je lui ai expliqué en quoi la plage de Bamburgh sur laquelle nous étions allongés était importante pour nous deux.

Même si la vie quotidienne prenait parfois un aspect monotone dans un Northumberland que bien des gens considéraient comme un lieu où il ne se passe jamais rien, je trouvais la région pleine de vie et de surprises depuis le début des années 1960, après ma sortie de l'université et mon premier poste d'enseignement.

À cette époque, je louais une chambre près d'Alnwick et j'avais l'habitude de dîner au *White Swan* les vendredis soir avant de rentrer chez moi. L'établissement n'était alors qu'un bâtiment vieillot, qui convenait parfaitement à ma fascination pour les styles anciens. Un couloir lambrissé de bois sombre, incontestablement de la période jacobéenne, menait au bar de l'hôtel. La salle du bar était elle aussi admirable, avec son long comptoir de chêne poli et ses lambris d'incomparable facture. À chaque extrémité de cette pièce en longueur, une cheminée à charbon ajoutait une touche chaleureuse. J'adorais venir y célébrer la fin de la semaine de travail en dégustant un sandwich au poulet avec un café.

Un vendredi soir, alors que je remontais le couloir menant au bar, je suis tombé nez à nez avec deux costauds bien décidés à m'en interdire l'accès. Une altercation s'est ensuivie, mais ils n'ont rien voulu savoir. Au moment où j'allais me faire jeter hors de l'hôtel, la porte du bar s'est ouverte pour laisser voir un visage familier demandant des explications.

— Désolé, monsieur Burton, a dit l'un des colosses. C'est ce jeune homme qui veut passer en force.

Sidéré, j'ai fixé le regard sur le nouvel arrivant. Face à moi, je n'avais nul autre que Richard Burton, star internationale sur les planches et à l'écran.

À l'instant où j'allais marmonner une excuse, il a passé un bras autour de mes épaules et parlé de sa voix à la profondeur inimitable.

— Eh bien, faites entrer le casse-pieds.

Toujours sous le coup de mon accrochage avec les gardes du corps, j'aurais donné n'importe quoi pour être ailleurs, mais il m'a fait entrer dans le sanctuaire du bar, où un autre personnage qui ne m'était pas inconnu était avachi sur un tabouret, un verre à la main. Je l'ai immédiatement reconnu : c'était Peter O'Toole. J'ai été prié de prendre place entre ces deux icônes, puis ils m'ont demandé de leur raconter l'histoire de ma vie.

En toute sincérité, je ne crois pas qu'ils aient écouté le moindre mot. Tous deux étaient totalement ivres. Comme il n'y avait aucun barman, c'est Richard Burton lui-même qui m'a servi un verre de whisky d'une des bouteilles alignées pour eux sur le bar. Je n'ai fait qu'y tremper les lèvres. De fait, j'avais le ventre vide et je voulais rester capable de conduire jusque chez moi. Au bout d'une heure, je me suis excusé en me retirant sur la pointe des pieds, mais je crois que ni l'un ni l'autre n'a remarqué mon départ.

Alors que ces hôtes de marque n'avaient guère été loquaces avec moi, le réceptionniste de faction s'est montré beaucoup plus disert. Il m'a expliqué que les deux hommes tournaient dans la région un film sur Thomas Becket, dans la période où il était archevêque de Cantorbéry. Burton incarnait Becket et O'Toole le roi Henry II. Il m'a cité une flopée d'autres noms d'artistes célèbres participant au tournage, dont celui de John Gielgud, un acteur que j'admirais de longue date. Puis, se penchant par-dessus son comptoir avec une mine de conspirateur, il m'a murmuré son ultime scoop : le lendemain matin, les acteurs devaient tourner une scène importante sur la plage de Bamburgh derrière le château.

Lorsque j'ai annoncé à mes collègues que j'avais pris un verre en compagnie de Peter O'Toole et Richard Burton, ils se sont moqués de moi comme si je leur racontais des salades. Cela étant, cette expérience avait produit une profonde impression sur moi.

Le lendemain matin, je me suis réveillé de bonne heure et de bonne humeur pour me rendre à Bamburgh. Tout le coin était envahi de fourgons et de grands cars de la société de production. Partout, des techniciens s'activaient en tous sens, dressant d'énormes rampes d'éclairage sur la plage.

De gigantesques câbles serpentaient en travers de la route et le long des sentiers pour apporter l'électricité aux lampes et caméras. La route menant à la vieille ville ayant été bloquée par la police, j'ai dû me garer assez loin. L'industrie du cinéma de Hollywood avait fait main basse sur le petit village pittoresque de Bamburgh.

Me frayer un chemin à travers la foule en veillant à ne pas trébucher sur les câbles n'a pas été une mince affaire. Finalement, je suis parvenu à trouver une place au sommet d'une dune d'où j'avais une vue dégagée. L'entrée du château côté plage avait été modifiée par l'ajout de divers éléments subtilement conçus pour lui donner l'apparence d'un château français. À chaque extrémité de la plage, j'apercevais des groupes de cavaliers portant des hallebardes et des étendards bifides aux couleurs vives flottant au vent.

En compagnie de la cohorte des spectateurs et techniciens, j'ai attendu que se produise l'événement espéré, sans savoir au juste ce qu'il allait être. Le soleil matinal brillait dans le ciel immaculé, mais sa lumière ne devait pas être suffisante, car tout à coup les immenses projecteurs ont été allumés pour éclairer encore plus la plage. Une voix de stentor a crié « Action ! » dans un mégaphone, et un cavalier sur la droite a jailli à fond de train pour venir au-devant d'une troupe montée sur la gauche – qui allait quant à elle au petit train. J'ai alors assisté à la rencontre entre mon compagnon de la veille, Richard Burton, et le roi anglais joué par Peter O'Toole, en vue d'une réconciliation.

Ensuite, à une vitesse incroyable, l'énorme quantité de matériel a été démontée, les acteurs se sont évanouis, et les véhicules, petits et grands, ainsi que tout le personnel ont disparu dans le rugissement des moteurs. La petite ville de Bamburgh a alors retrouvé cette tranquillité qui a fait sa réputation, tout juste un peu froissée par l'invasion hollywoodienne. Quelques années plus tard, j'ai revu cette même scène sur grand écran, quand le film *Becket* est passé dans un cinéma local.

Et d'autres années encore plus tard, assis sur la plage avec Toby Jug, j'ai pris plaisir à raconter cette histoire à mon petit chat, même si j'ai bien senti qu'il n'en avait pas grand-chose à faire. Quoi qu'il en soit, cette expérience avait modifié en profondeur la vision que j'avais de la région. J'avais compris que, si Hollywood était venu chez nous, c'était parce que notre coin avait un petit quelque chose de spécial. Le Northumberland est une merveille naturelle en lui-même. Outre ses châteaux et ses demeures d'époque, il possède des vallées comme celle d'Ingram, des montagnes isolées comme les monts Cheviot, des fleuves aux nombreux méandres et une côte somptueuse. C'est ce jour-là que j'ai pris conscience que je voulais vivre dans un cadre rural, de préférence dans un cottage ancien.

Étonnamment, c'est un souhait que j'ai exaucé plus vite que je ne l'avais escompté, dès que j'ai eu un poste à l'Alnwick College of Education et que j'ai trouvé la maison que je voulais dans le hameau de West Thirston. Tout en profitant du beau temps sur la plage de Bamburgh, je méditais sur l'étrange enchaînement des faits qui, à partir d'un incident au *White Swan* d'Alnwick, m'avait conduit à trouver l'emploi et le cottage de mes rêves. Qui plus est, si je n'avais pas vécu au cottage de la Hulotte, jamais je n'aurais eu la chance de trouver mon chat adoré, mon petit Toby Jug.

Cette conversation avec mon chat m'a fait mesurer le chemin parcouru depuis l'époque de mon enfance troublée.

Je me souvenais de la détermination acharnée dont j'avais fait preuve pour conquérir les qualifications qui m'ouvriraient les portes d'une nouvelle vie – les clés d'accès à un joli cottage et un jeune chat génial. J'ai caressé mon petit compagnon couché de tout son long sur le sable chaud, en lui répétant combien il était important pour moi. La soirée était bien avancée quand nous sommes rentrés à la caravane pour manger une fois encore des sardines grillées.

Une fois la nuit tombée, j'ai emmené Toby Jug pour une de nos balades au clair de lune dans les dunes. *La vie est belle*, ai-je songé plus tard, couché dans le grand lit de la caravane avec Toby à mes pieds. Au cours de la nuit, le tambourinement de la pluie sur le toit est venu renforcer encore ce sentiment de bien-être et de sécurité. C'était un bruit favorable au sommeil. Cela avait encore été une belle journée.

Vers la fin de nos vacances, nous avons fait une virée en voiture jusqu'à l'île voisine de Lindisfarne, où j'avais déjà emmené Toby Jug au cours de sa première année. Nous avons fait le tour de la morne ruine du vieux château, évocateur de temps anciens troublés et de sombres présages. Je me suis demandé comment l'île s'en était tirée pendant les raids du VIIIe siècle, quand les Vikings avaient déferlé sur le royaume de Northumbrie. Dans l'ignorance parfaite de toutes ces questions, Toby Jug examinait joyeusement tous les trous d'eau que nous croisions sur notre chemin. Au bout du compte, la visite lui a plu autant qu'à moi. Il a même paru déçu quand nous avons dû quitter l'île pour ne pas rester prisonniers de la marée.

À la fin de notre mois passé dans la caravane, quitter Beadnell a été un véritable déchirement. Adieu les matinées ensoleillées passées en mer avec Lionel. J'emportais de merveilleux souvenirs de vents chauds gonflant les voiles, de notre bateau filant sur l'eau, de repas de poissons tout juste pêchés, et d'après-midi entiers à lézarder sur le sable chaud. J'ai même envisagé d'acheter un petit dériveur, avant de renoncer en me disant que c'était une occupation à laquelle Toby Jug ne voudrait sans doute jamais participer. En revanche, j'ai gardé dans un coin de mon esprit l'idée d'acquérir une caravane à Beadnell, même si, à mon grand regret, je ne l'ai jamais concrétisée…

Le corbeau et la sorcière de Rampton Hall

Après un mois d'absence, il y avait beaucoup à faire au cottage. Même en si peu de temps, le jardin était devenu une petite jungle qui avait bien besoin d'être ordonnée. Toby Jug a immédiatement renoué avec ses incursions dans tous les jardins du coin, ce qui ne l'a pas empêché non plus de passer un temps considérable à me suivre comme mon ombre. C'était comme il s'inquiétait que je m'enfuie sans lui. Après une journée entière à trimer dans ma pampa, je suis rentré pour me reposer

Peu de temps auparavant, j'avais investi dans une douche avec chauffe-eau électrique instantané, dont la vieille salle de bains avait bien besoin. Tandis que je me prélassais sous l'eau délicieusement chaude pour dénouer mes muscles fatigués, j'ai soudain pris conscience que deux yeux me regardaient de l'autre côté de la paroi de la cabine. Ceux de Toby Jug. S'il m'était déjà arrivé de le rincer gentiment sous la douche quand son pelage était taché de boue, je n'arrivais pas à croire qu'il réclame à présent de venir sous le jet puissant. J'ai décidé de ne pas céder.

C'est pendant que je me frictionnais avec une serviette que j'ai compris que quelque chose clochait. Toby ne cessait pas de miauler en faisant d'incessants allers et retours entre la pièce et l'extérieur, comme s'il voulait m'indiquer une urgence quelque part. Je me suis habillé en quatrième vitesse et l'ai suivi dans le jardin. J'ai immédiatement compris ce qui le tracassait. Tout au fond, sous la ramure d'un jeune hêtre, une créature d'un noir de jais se débattait. En m'approchant, j'ai vu que c'était un oiseau – noir comme une corneille, mais plus grand.

Et c'est reparti, ai-je songé, tant ma destinée semblait être de toujours m'occuper d'une créature blessée ou d'une autre. En tout cas, cet oiseau-là n'était pas ordinaire. Je supposais qu'il devait s'agir d'un grand corbeau. L'aile gauche déployée, il était de toute évidence blessé et incapable de voler. *On lui a tiré dessus*, ai-je compris en apercevant les taches de sang séchées. Silencieusement, j'ai maudit la philosophie des gens de la campagne, qui tuent sans vergogne toutes les bêtes qui mettent en péril le revenu de leurs élevages de faisans et de grouses.

L'oiseau ne paraissait pas particulièrement perturbé par ma présence. Il m'a laissé le prendre pour le ramener à l'intérieur. Je l'ai déposé sur une chaise dans la cuisine pendant que j'étalais du papier journal sur le plan de travail. Ensuite, j'ai rempli un bol d'eau chaude avec quelques gouttes d'une solution antiseptique. Pendant mon examen, j'ai été stupéfait de la docilité de l'oiseau. De toute évidence, c'était un animal domestiqué, habitué au contact avec l'homme. Plus étonnant, il semblait ne pas craindre non plus la présence de Toby Jug qui, comme de juste, restait à mon côté pour ne rien manquer.

Le corbeau était magnifique, avec des plumes bien lisses et bien brillantes, d'un noir tirant sur le bleu. J'ai été extrêmement peiné de trouver plusieurs petits plombs fichés dans son flanc. Après avoir tamponné les plaies au désinfectant, j'en ai retiré quatre. Pendant tout ce temps, la créature a fixé sur moi son œil rond au regard pénétrant. J'ai ensuite appliqué un baume cicatrisant, puis installé l'oiseau aussi commodément que possible dans un carton garni d'une vieille couverture. *Et advienne que pourra...*

J'ai réussi à faire couler un peu d'eau dans son bec, mais, pour le reste de sa résurrection, je m'en suis remis à la nature en le posant à côté du foyer. Je n'avais pas encore allumé le feu, mais le corbeau était tout de même à l'endroit le plus chaud de la maison. Toby Jug, qui avait suivi attentivement chacun de mes gestes, semblait satisfait que j'aie répondu à ses cris d'alarme.

— Bravo, Toby ! Bien joué ! ai-je dit, accompagnant mes félicitations de leur lot de caresses.

J'étais bien conscient du fait que le corbeau avait dû vivre un choc terrible en se faisant tirer dessus en plein vol. Bien souvent, ce facteur suffit à lui seul à faire mourir les oiseaux. Néanmoins, mon rescapé me donnait l'impression d'avoir une grande force intérieure. À l'une de ses pattes, j'ai alors remarqué la présence d'une bague d'argent, sur laquelle étaient gravés, non pas un nom et une adresse comme je l'avais espéré, mais des caractères runiques auxquels je ne comprenais rien.

Pendant la soirée, le corbeau a semblé se reposer confortablement installé au coin du feu, mais tout en restant vigilant et alerte. Manifestement inquiet de la présence de ce volatile à l'intérieur, Toby Jug me suivait partout, en manœuvrant de façon que je fasse toujours écran entre le corbeau et lui. Nous sommes montés nous coucher en laissant l'oiseau dans son carton.

Le lendemain matin, je suis descendu le premier. Toby Jug m'avait pourtant devancé en haut de l'escalier, avant de se raviser et de me laisser passer. À ma grande surprise, j'ai trouvé le corbeau perché sur le rebord de son carton. Il m'a salué de plusieurs croassements sonores, extrêmement stridents dans le silence matinal. Mon intuition me soufflait que c'était un mâle, mais je n'avais aucune certitude, ne sachant trop comment se distinguent les sexes chez les corvidés. En tout cas, son allure était impressionnante. Outre son apparence majestueuse, une lueur d'intelligence brillait dans ses yeux. Tout au long de la matinée, il m'a suivi partout pendant que je vaquais à mes occupations. Alors que je faisais la vaisselle, il est même venu se poser sur mon épaule, au grand dam Toby Jug, qui a grogné et refusé de sortir de toute la matinée.

— Eh bien ! on peut dire que tu as vite récupéré, ai-je dit à l'oiseau.

En réponse, il a croassé et battu des ailes, ce qui n'a fait que me confirmer qu'il était domestiqué. La chose me paraissait pour le moins inhabituelle, mais je me suis souvenu que c'était ni plus ni moins ce que j'avais fait avec Toby Jug.

Dans l'épisode biblique de l'arche de Noé, n'est-ce pas un corbeau qui était lâché en premier ? Ces oiseaux tiennent une place majeure dans toute la mythologie de l'Asie et de l'Europe du Nord. Les Vikings les considéraient comme des messagers du dieu Odin. Dans l'une de mes premières leçons d'histoire, on nous avait parlé de la légende selon laquelle tant que les corbeaux habiteront la tour de Londres, l'Angleterre sera protégée contre les invasions – ce qui explique d'ailleurs qu'on entretienne leur présence dans ce lieu.

Tout à coup, le corbeau est descendu de mon épaule pour aller boire au robinet d'eau froide que j'avais ouvert pour rincer l'évier. J'ai alors pensé qu'il pouvait avoir faim en plus d'avoir soif. J'ai préparé un œuf dur que j'ai haché finement et auquel j'ai ajouté des flocons d'avoine. En digne représentant de son espèce, le corbeau a mangé avec voracité, en ouvrant un large bec.

Après avoir suivi toute la scène depuis le seuil, Toby Jug n'a pu contenir plus longtemps sa désapprobation. Le poil hérissé, il s'est mis à cracher et gronder. Inquiet à l'idée qu'il puisse attaquer le corbeau sous le coup de la jalousie, j'ai emmené l'oiseau dans le jardin, histoire de voir s'il avait suffisamment récupéré pour s'envoler et rentrer chez lui. Mais pas du tout. Loin de déployer ses ailes, il sautillait dans l'herbe en picorant du bec de-ci de-là, comme pour signifier qu'il ne verrait pas d'inconvénient à rester encore un peu.

Tous les trois, nous avons passé le reste de la journée à jardiner. Je bêchais dans le potager, le corbeau suivait pour avaler les vers et les asticots, et Toby Jug évacuait son spleen en donnant la chasse à toutes les bêtes à plume qui avaient l'outrecuidance de venir se poser dans son pommier. Quand j'ai eu fini, je me suis installé sur mon banc de bois préféré avec un verre de bourgogne à la main, un chat jaloux sur les genoux et un corbeau perché sur le dossier.

— Ne te fais donc pas du mauvais sang comme ça, ai-je dit à Toby. C'est toi qui as trouvé l'oiseau et qui es venu m'alerter. Je ne vais pas l'adopter, mais je dois prendre soin de lui jusqu'à ce qu'on trouve celui à qui il appartient. Alors, arrête de faire cette tête!

Je crois qu'il a saisi le sens de mon message.

Le corbeau m'avait adopté comme ami, mais je suis tout même allé apposer une affichette dans la vitrine du bureau de poste, pour informer son éventuel propriétaire. Je n'ai pas eu à attendre bien longtemps. Deux jours plus tard, alors que je travaillais dans le jardin en compagnie d'un chat possessif et d'un corbeau apprivoisé, une femme étrange est subitement apparue. Tout à coup, sans que je n'aie rien vu, rien entendu, elle était là, à côté du garage. Surpris par sa soudaine apparition, je l'ai dévisagée.

— Je crois que vous avez mon corbeau, a-t-elle dit. Il s'appelle Kutkh, d'après le nom du dieu corbeau.

À l'oreille, cela sonnait plutôt comme « Kukk », et ce n'est d'ailleurs que bien plus tard que j'ai découvert la véritable orthographe de ce nom. Néanmoins, en l'entendant, le corbeau a cessé séance tenante de farfouiller dans le sol pour venir en volant jusqu'à l'épaule de la visiteuse. Ensuite, il s'est frotté contre son visage, tandis qu'elle l'embrassait en le cajolant. Il n'y avait aucun doute à avoir, cet oiseau était bien le sien.

— C'est mon guide et mon esprit familier, a-t-elle dit. Mon nom est Melissa, mais on m'appelle aussi la « sorcière de Rampton Hall ».

Elle m'a tendu sa main osseuse aux longs doigts fins, que j'ai prise dans la mienne pour la serrer.

— Je vois que vous avez un chat noir, a-t-elle observé.

— En fait, il est noir et blanc. Mais oui… essentiellement noir. Il s'appelle Toby Jug. C'est lui qui a trouvé votre corbeau dans le jardin et qui m'a prévenu. Votre oiseau était blessé. On lui a tiré dessus

— Soyez-en remerciés tous les deux, a-t-elle répondu. J'étais folle d'inquiétude. Je suis tellement soulagée de l'avoir retrouvé. Je pensais qu'il avait été tué. Les gardes-chasses tirent sur tous les grands oiseaux, sans distinction. Venez me voir à Rampton Hall. Samedi m'irait très bien. Et amenez votre chat. J'aimerais fêter le retour de Kutkh avec vous.

Par politesse, je me suis senti obligé d'accepter, mais je dois bien avouer que je me sentais mal à l'aise en sa présence. Je n'étais pas du tout certain que Toby et moi devrions honorer son invitation. Une aura d'étrangeté flottait autour d'elle et son corbeau. Et je n'étais pas très chaud à l'idée d'aller chez une personne associée à la sorcellerie. Renseignements pris dans le village, il m'est apparu que l'opinion générale préconisait de se tenir aussi éloigné que possible de Rampton Hall. Le vendredi, je n'avais toujours pas résolu mon dilemme, quand un message reçu par la poste m'a causé un choc.

C'était une lettre de rupture de ma petite amie Maddy, toujours aux États-Unis, détachée de *l'Alnwick College of Education* dans une université du Rhode Island. Apparemment, elle était tombée amoureuse d'un certain Brad, avec qui elle s'était fiancée. Elle ne comptait donc pas rentrer en Angleterre. Sur le plan émotionnel, j'ai pris un coup auquel je ne m'attendais pas, même si au fond nous n'étions guère qu'un peu plus que des bons amis. En tout cas, nullement promis l'un à l'autre. À la lecture de cette lettre, je me suis senti seul et rejeté. Quand le samedi est arrivé, je n'en avais strictement plus rien à faire de savoir s'il était sage ou non de rendre visite à la sorcière de Rampton Hall.

Je me suis mis en route en m'attendant au pire. J'avais même prévenu Toby Jug de se tenir prêt à un départ précipité. Peu importe qu'il m'ait compris, je savais qu'il suivrait mon exemple. J'étais d'humeur maussade et crispée quand nous avons pris l'A1 pour parcourir les quelques kilomètres jusqu'à la demeure de la sorcière. Édifice compact de style gothique, Rampton Hall présentait un aspect bizarre, même dans la lumière du soleil couchant. Dans l'obscurité, il devait être sinistre. À notre arrivée, Melissa est sortie à notre rencontre. Son corbeau n'était pas là. Elle m'a fait les honneurs des jardins, parsemés de nombreux bâtiments de pierre en très mauvais état. Plus intéressant, il y avait un grand étang, sur lequel glissait une famille de canards.

— Une de mes ancêtres a été jetée dans cette mare ligotée et bâillonnée. On l'accusait de sorcellerie. C'était à la fin du XVIIe siècle. On avait très peur des sorcières à cette époque.

— Que s'est-il passé ? ai-je demandé.

— Elle a flotté au lieu de couler, ce qui a été interprété comme une preuve définitive. On l'a donc sortie de l'eau pour la traduire devant les inquisiteurs. Elle les a implorés de lui accorder une deuxième chance, ce qui a été fait. Elle a été absoute. Mais elle avait le pouvoir. Elle a guéri un enfant malade, possédé par un esprit malin. Une autre fois, elle a donné la preuve de sa bonté en transformant du lait tourné en lait pur. Elle a échappé de peu au bûcher.

— Mais était-elle vraiment une sorcière ? ai-je demandé, intrigué par son histoire.

— Bien sûr, a-t-elle répondu en riant de ma question. Toutes les premières-nées de notre famille héritent du don de double vue et du pouvoir de traiter avec l'occulte.

— Que lui est-il arrivé ?

— Elle est morte dans son lit de « causes naturelles » après s'être mariée et avoir eu quatre filles, heureuse femme. Venez, allons manger quelque chose. Et ne laissez pas votre chat dans la voiture. Amenez-le.

Après avoir sorti Toby, je l'ai laissé me suivre à l'intérieur. Nous avons franchi la lourde porte de bois, puis un corridor lambrissé et sinueux menant à une petite pièce aux murs de pierre percés de hauts vitraux. Un peu assourdie, la lumière venue de l'extérieur était parée de couleurs. Une petite table avait été dressée avec deux couverts et deux chaises de bois. Plusieurs plats élégants étaient disposés sur le plateau. À leur vue, j'ai soudain pris conscience de ma faim. Mon hôte, qui avait déjà pris place, m'a invité d'un geste à m'asseoir en face d'elle.

— J'espère que vous aimez la nourriture végétarienne ?

J'ai confirmé d'un hochement de tête tandis qu'elle me servait une assiette de riz brun sauvage, servi chaud, accompagné de lentilles vertes et parsemé de coriandre fraîche. C'était absolument délicieux.

— Tous les produits sont locaux. Pour certains, je m'approvisionne auprès des producteurs qui viennent au marché. Les autres, je les ramasse dans les bois et dans les haies.

J'ai alors vu que Toby Jug mangeait dans un plat posé par terre.

— Pour votre chat, c'est du levraut braisé. Ce n'est pas moi qui l'ai tué. Je ne fais jamais de mal aux animaux sauvages. Ce sont tous mes amis. Je l'ai trouvé ce matin, étranglé, près de l'entrée d'une ferme, pendant que je ramassais des herbes sauvages. En tant que carnivore, j'ai pensé que votre chat aimerait la viande.

— C'est assurément le cas, ai-je répondu en remarquant que non seulement Toby mangeait de bon cœur, mais qu'il remuait la queue en même temps.

Je l'ai remerciée des efforts qu'elle avait déployés pour nous. Elle a accueilli le compliment d'une petite inclinaison de la tête.

— Tout le plaisir est pour moi, a-t-elle dit. Après tout, je suis votre obligée. Vous avez sauvé mon corbeau.

— Où l'avez-vous eu ? ai-je demandé.

— La femme d'un fermier, que j'avais aidée à se remettre d'une fièvre, me l'a apporté. Ce n'était qu'un oisillon. Elle l'avait trouvé dans un buisson où il était tombé quand un vandale avait tiré sur ses parents et détruit le nid. Tous les autres petits de la nichée avaient été étranglés.

— Mais quelle horreur !

— Vous n'ignorez pas que bien des gens prennent plaisir à chasser et tuer les animaux. À la campagne, les corbeaux font peur. On les déteste à cause de leurs liens avec la magie noire

Sorcière ou pas, j'ai décidé que je l'aimais bien.

Un croassement sonore a éclaté soudain, indiquant que Kutkh était de retour. Melissa s'est levée d'un bond, dans un bruissement de sa longue robe de style bohémien, puis est sortie en toute hâte.

— Venez ! s'est-elle exclamée. Venez voir ce que Kutkh vous a rapporté.

Avec une curiosité aiguisée, je l'ai rejointe au-dehors. Elle caressait son corbeau, perché sur une pierre plate au sommet d'un mur. Au pied de l'oiseau était posé un œuf d'un blanc teinté de bleu.

— Kutkh vous a rapporté un œuf du nid d'un pigeon ramier. Ne vous inquiétez pas pour les pigeons, ils pondent énormément.

— Je suis perdu, Melissa. Pourquoi un œuf?

— Je lui ai demandé de rapporter l'œuf pour vous, sans le casser. Il l'a transporté dans son bec. N'est-il pas intelligent ?

— Oh si, il l'est !

— Cette nuit, vous déposerez l'œuf à côté de votre lit et, demain matin, vous le cuirez pour le manger. Tous vos chagrins quitteront votre cœur pour ne jamais revenir.

— Mais… comment savez-vous ?

Je n'avais rien dit au sujet de Maddy.

— Je sais des choses sur les gens. Je suis une sorcière.

D'un sourire, je lui ai exprimé ma gratitude, avant de me tourner vers son corbeau. L'oiseau et moi nous sommes regardés droit dans les yeux. Ensuite, sans être nullement gêné de mon geste, je lui ai dit merci pour son cadeau.

Plus tard, je l'ai observée pendant qu'elle débarrassait la table. C'était une femme d'âge mûr, en forme et à l'allure tonique, au visage hâlé par le grand air. Elle avait pour habitude de fixer franchement sur son interlocuteur ses yeux bleus lumineux au regard perçant. Quand elle a quitté la pièce un instant, j'ai regardé quelques photographies accrochées au mur. À peine avais-je eu le temps d'apercevoir un aréopage de femmes aux allures de matrones, dont chacune était son sosie, qu'elle revenait avec deux bols contenant le dessert. J'ai goûté une cuillerée. C'était exquis. Elle m'a expliqué que c'était un mélange de miel et de fleurs de reines-claudes, avec des myrtilles et des cynorhodons conservés dans de la liqueur de fleurs de sureau. Une couche de crème recouvrait le tout, elle-même saupoudrée d'amandes et de pétales de boutons-d'or. Béat et repus, je me suis laissé aller contre le dossier de ma chaise en caressant Toby Jug, installé sur mes genoux.

— Où est Kutkh ? ai-je demandé.

— Parti en mission, a-t-elle répondu avec un sourire énigmatique. Il est parti chercher un autre présent pour vous.

— Qu'est-ce que cela peut bien être ? ai-je demandé, un peu surpris.

— Un peu de patience, a-t-elle répondu, l'œil brillant.

À cet instant, un croassement nous est parvenu de l'extérieur.

— Kutkh est revenu. Allons voir ce qu'il vous a rapporté.

En sortant sur ses talons, j'ai découvert le corbeau debout devant une branchette avec une baie blanche. On aurait dit du gui.

— Il vous a rapporté un rameau d'un buisson sacré connu de nous seuls. Il vous portera chance et bonheur en amour.

— Eh bien, je vous remercie de tous ces cadeaux. Mais comment ?

— Le ramier est l'incarnation de l'esprit mystique des bois. Son chant est la voix des esprits des arbres, chargée d'apporter le calme et la paix à tous ceux qui entendent son roucoulement. Et le gui est un gage d'amour. Voilà comment.

J'ai remercié Melissa et le corbeau de ces présents et promis de suivre ses recommandations. Melissa rayonnait littéralement. Kutkh a fait bouffer ses plumes noires comme pour manifester son approbation.

— Avant que vous ne partiez, j'aimerais vous montrer quelque chose, à vous et votre chat.

Et sans un mot de plus elle est retournée à l'intérieur de la bâtisse. Je l'ai suivie, Toby Jug sur les talons. Elle nous a menés dans une grande pièce au sol intégralement couvert de grandes dalles de pierre, pour s'arrêter devant l'une d'elles, avec un anneau d'acier serti à une extrémité.

— J'ai besoin que vous me rendiez un service. D'après un ancien acte de propriété, il y a des tunnels là-dessous. Or il monte de ces lieux des échos assez perturbants, en particulier la nuit. Je ne peux pas y aller seule, puisque je suis incapable de soulever cette lourde dalle sans l'aide de quelqu'un. Comme les chats ont la faculté psychique de reconnaître les forces occultes, vous formez la paire idéale pour aller voir ce qui se cache sous cette maison.

Je me suis tourné vers Toby, qui a posé sur moi l'un de ses regards énigmatiques, comme s'il prenait conscience qu'il y avait quelque chose d'étrange dans toute cette histoire. Pour ma part, j'ai repensé à l'adage qui dit : « On n'a rien sans rien. »

Bon, très bien, ai-je songé. *Donnons un coup de main à la dame.* Je me suis penché pour saisir l'anneau, mais j'ai eu beau m'escrimer la dalle n'a pas bougé d'un pouce.

— Il va falloir un palan pour soulever un poids pareil, ai-je dit. Je vais voir ce que j'ai comme matériel et je repasserai.

— Votre aide sera la bienvenue. Votre chat et vous êtes des envoyés du ciel. À croire que l'accident de Kutkh et votre intervention étaient écrits.

— Je n'en suis pas certain, ai-je dit, un brin cynique. Mais je ferai ce que je pourrai. D'autant plus que ma curiosité est éveillée à présent, je dois bien l'avouer. En revanche, quant à savoir si Toby Jug descendra là-dedans quand ce sera ouvert, c'est une autre histoire. C'est un petit chat peureux parfois.

— Je suis sûre que vous ferez de votre mieux. De toute façon, il n'y a personne d'autre à qui je puisse faire confiance.

Après l'avoir saluée, Toby et moi sommes repartis. Intérieurement, je ne savais pas trop quoi penser, mais je n'en ai pas moins placé l'œuf de pigeon sur une soucoupe à côté de mon lit, avec le rameau de gui. Après un certain temps, j'ai décidé de poursuivre l'affaire. Au pire, ce serait une exploration intéressante, un peu comme un épisode dans une histoire de John Buchan, l'ancien gouverneur général du Canada des années 1930, auteur de romans d'aventure à ses heures perdues. J'étais à peu près certain de pouvoir emprunter ce qu'il fallait au garage du village pour aller soulever cette pierre chez Melissa le week-end suivant, même si la rentrée était déjà là et que j'allais être mobilisé. Dans le jardin, Toby Jug cherchait l'une de ses balles rouges. Je me suis demandé quelle allait être sa réaction quand nous descendrions dans des oubliettes…

À l'Alnwick College of Education, la rentrée universitaire était toujours une période chargée, avec toutes ces étudiantes qui venaient s'installer dans les bâtiments du château médiéval alors qu'elles n'avaient pour la plupart jamais quitté le domicile familial. Comme il a toujours été préconisé de commencer les cours le plus rapidement possible pour éviter que ne s'installent le mal du pays et la nostalgie, j'ai été occupé toute la semaine à la fois par des enseignements et des tâches administratives. Quand le samedi est arrivé, j'étais tout disposé à faire autre chose pour me changer les idées.

Comme j'ai d'abord accompli les inévitables corvées dans la maison, la matinée était déjà entamée quand j'ai appelé le garage pour emprunter les chaînes et poulies nécessaires pour soulever la dalle. En arrivant à Rampton Hall, je suis passé devant Melissa qui furetait au pied d'une haie. Elle m'a salué d'un signe de la main et m'a suivi vers sa demeure.

Je me suis garé aussi près que possible de l'entrée et Melissa m'a aidé à transporter tout le matériel dans la grande salle dallée. Pour commencer, à l'aide d'un escabeau, j'ai passé une corde par-dessus un chevron de la charpente pour suspendre les poulies au-dessus de la dalle. Ensuite, j'y ai fixé les chaînes terminées par un crochet, que j'ai glissé dans l'anneau d'acier. Puis j'ai tiré. Dans un horrible crissement, la dalle a commencé à bouger. La trappe s'est lentement ouverte.

Du regard, j'ai cherché où Toby Jug avait filé quand avait résonné le premier bruit. En fait, il avait trouvé refuge sur l'appui étroit de l'une des hautes fenêtres. Au moins, il n'était pas allé se cacher dans la voiture. J'ai imprimé une nouvelle traction sur les chaînes et la porte de pierre est arrivée à la verticale. Je l'ai bloquée en position ouverte à l'aide d'un gros bâton. Penché au-dessus de l'ouverture, j'ai distingué des marches de pierre qui s'enfonçaient sous terre. Melissa est allée chercher une grosse lanterne à huile, en complément de la torche que j'avais apportée, et nous avons entamé la descente.

J'ouvrais la voie et Melissa suivait avec sa lanterne tenue au bout d'une perche. Quatorze marches nous ont menés à un passage donnant accès à un tunnel. Au bas de l'escalier, j'ai fait une halte pour me retourner vers l'entrée. Là-haut, dans l'encadrement de la trémie, j'ai aperçu Toby Jug qui hésitait à me suivre. Pour finir, la curiosité – ou était-ce l'attachement ? – l'a emporté. En quelques pas rapides, il m'a rejoint. Pour sa part, Melissa n'avait pas perdu de temps. Elle filait devant, sa lanterne brandie bien haut pour percer les ténèbres du tunnel. Après le premier coude, nous nous sommes heurtés à une solide porte de bois, mais celle-ci a cédé sous notre vigoureuse poussée. Derrière s'ouvrait une vaste salle, avec une forme qui se découpait contre le mur du fond.

— Qu'est-ce que c'est ? Un autel ? a demandé Melissa en pointant ce qui avait l'air d'être une plate-forme encastrée dans le mur.

Elle a traversé la pièce pour aller poser sa lampe sur le plateau.

— Regardez ! s'est-elle exclamée en pointant un doigt sur le milieu de l'autel.

C'était un petit crâne qu'elle me montrait, celui d'un enfant probablement. À côté, il y avait de petits os, en partie décomposés et réduits à l'état de poussière.

— Cela ressemble à une forme d'offrande sacrificielle, ai-je dit. Et là, on dirait une inscription sur le mur.

À la lueur de ma torche, j'ai déchiffré ce qu'une main avait tracé dans une graphie ancienne.

« ENTENDEZ LA VÉRITÉ QUI VOUS EST RÉVÉLÉE
LE TEMPS EST UNE ILLUSION
JAMAIS IL N'Y EUT DE COMMENCEMENT
JAMAIS IL N'Y AURA DE FIN
RIEN D'AUTRE QU'UN PRÉSENT ÉTERNEL »

Ces mots m'évoquaient un cours de philosophie à l'université, mais j'étais incapable de mettre le doigt sur leur origine. Rien n'indiquait qui avait pu les écrire sur le mur, mais, à voir le visage de Melissa, je comprenais qu'ils avaient fait sur elle une profonde impression. Elle a examiné les restes de l'enfant, puis poussé soudain une exclamation d'horreur. Dans la faible clarté, je l'ai vue qui tenait quelque chose de petite taille. La peau d'un animal couvert de fourrure.

— Qu'est-ce que c'est? ai-je demandé, en proie à un début de frayeur.

— Pas maintenant. Je vous expliquerai plus tard.

À cet instant, Toby Jug m'a fait sursauter violemment en me sautant dessus pour me grimper sur l'épaule – sa position habituelle dans les situations d'angoisse ou de danger. Puis il s'est mis à gémir à mon oreille. Peut-être avait-il senti ce que Melissa tenait dans sa main?

Comme si elle avait voulu changer de sujet, Melissa a pointé une porte derrière moi, dans un angle du mur près de l'autel. Sans un mot, elle s'est avancée d'un pas décidé pour aller s'arc-bouter sur le panneau de bois. Je me suis senti obligé de lui prêter main-forte, et nos efforts conjugués sont venus à bout de l'obstacle. Nous avons débouché sur une autre salle pleine à ras bord de tout un tas d'objets étranges. Mais, quand nous les avons examinés de plus près, nous avons tous deux été horrifiés. Selon toutes les apparences, nous venions de découvrir une ancienne chambre de torture. Ce que la lueur de la lanterne nous révélait n'était rien d'autre qu'une collection d'instruments atroces faits pour infliger la douleur.

Accroché à moi comme si sa vie en dépendait, Toby Jug gémissait toujours, ébranlant un peu plus mes nerfs mis à rude épreuve.

— Tais-toi ! ai-je ordonné d'un ton ferme.

Sa complainte devenait insupportable dans ce lieu macabre. Melissa s'est tournée vers moi. À son expression aperçue dans la pâle lueur de la lanterne, je savais qu'elle-même était à cran.

— C'est pour ça que je vous ai demandé de venir avec votre chat. C'est un lieu néfaste et il sait pourquoi.

Un simple coup d'œil à la ronde suffisait à confirmer ses propos. Il y avait des planches à clous, des fauteuils garnis de pointes, des carcans, des chaînes avec des menottes pour entraver les victimes. Sur une table, j'ai aperçu des couteaux courbes et des hachettes à l'aspect hideux, disposés comme des instruments pour quelque opération macabre, et, plus loin, des haches et des épées posées contre un mur. Mais le plus effrayant de tout était les images de diables et de goules peintes sur les murs. L'une des plus horribles représentait une silhouette à forme humaine recouverte de fourrure et portant une tête animale à l'air farouche. Ses yeux féroces, jaunes et bordés de rouge, étaient particulièrement sinistres. Ils donnaient l'impression d'être fixés sur nous. Et même de nous suivre quand on se déplaçait.

— Un loup-garou ! a glapi Melissa.

— Ça suffit, ai-je dit en me tournant vers elle. J'ai eu ma dose de cet endroit. Je sors.

Et sans dire un mot de plus nous sommes repartis vers l'escalier.

Comme nous approchions des marches, une voix désincarnée s'est mise à chanter.

C'était terrifiant.

— Ce doit être la petite fille dont on a trouvé les os, a dit Melissa. Elle chante pour nous remercier d'avoir libéré son esprit.

Pour moi, la coupe a été pleine. J'ai pris la décision de ne plus jamais remettre les pieds dans cet endroit. Toby Jug avait eu raison de gémir et je m'en voulais de lui avoir crié après. La complainte était si chargée de mélancolie et de détresse qu'elle m'a donné envie de pleurer. Sans dire un mot, j'ai enlevé Toby Jug de mon épaule pour le serrer dans mes bras. C'en était trop pour moi. J'ai grimpé le reste des marches quatre à quatre.

Soulagés, nous avons récupéré en avalant quelques sandwichs et du café préparés par Melissa. Toby Jug, lui aussi infiniment heureux d'avoir retrouvé un cadre normal, dégustait une assiette de foies de lapin aromatisé à l'herbe à chat et accompagné d'une sauce au jus de viande. Cette approche gastronomique renforçait sa sensation de bien-être retrouvé. Melissa avait acheté la viande au marché spécialement pour lui.

J'ai fait observer à Melissa que la chambre de torture ressemblait de manière remarquable à celle du château de Chillingham, à la nuance près que celle que nous venions de voir était infiniment plus horrible.

Melissa m'a alors détaillé le développement historique des sciences occultes dans le Northumberland.

— Avec la mise au ban des anciennes croyances et traditions, les gens ont développé des pratiques secrètes, qui ont elles-mêmes conduit à des rites occultes macabres. L'adoration des démons a produit des monstres, des vampires et des loups-garous qui s'en sont pris aux innocents. Je crois que par ces pratiques l'apparence physique de certains se trouvait modifiée, avec pour conséquence un retour à des manifestations primitives préhistoriques.

Elle a marqué une pause pour contempler par la fenêtre les arbres dans le lointain.

— Ce que j'ai ramassé sur l'autel, c'est une peau d'animal avec de la fourrure dessus. Je crois qu'elle provient du petit squelette. Il s'agit probablement d'un exemple de sacrifice rituel d'un humain métamorphe, c'est-à-dire capable de se changer en animal pendant une courte période de temps. La créature a dû être capturée sous sa forme animale, puis exécutée. La représentation graphique du loup-garou n'a fait que confirmer mes intuitions.

— Oui, ai-je répondu. Les yeux de la créature étaient très vivants, mais extrêmement sombres en même temps. Très inquiétants.

— Vous trouveriez plus inquiétant encore d'en croiser un pendant une promenade au clair de lune dans la campagne !

— Vous pensez vraiment que ce genre de bêtes existent ?

— Oui, dans de rares circonstances. L'homme s'adapte aux contingences de l'instant, avec la survie pour objectif.

— Eh bien, pas moi. Je crois que tout cela n'est qu'un mythe utilisé par la religion pour effrayer les gens. Et les enfants en particulier. Comme l'histoire du Petit Chaperon rouge.

— Vous faites comme vous voulez, Denis, mais je me suis approchée de la face obscure de la nature et j'ai vu, de mes propres yeux, des choses effrayantes. Si vous croyez que les créatures vivantes sont dotées d'un esprit qui survit à leur mort, alors il est facile d'accepter que des fantômes puissent hanter un lieu.

— Je vous concède ce point-là, parce que des gens que je respecte m'ont parlé de la présence de spectres dans le château d'Alnwick, mais je ne crois pas que ces créatures soient en mesure de nous faire du mal. En revanche, cette salle de torture n'est qu'un des nombreux exemples de la capacité de certains à se montrer inhumains envers d'autres. Je vous recommanderais de refermer cette dalle et de ne plus jamais l'ouvrir. D'aucuns pourraient finir dérangés s'ils étaient témoins de ce que nous avons vu. Après tout, mon chat a bien failli devenir fou. Il était terrifié. Je ne l'avais encore jamais vu comme ça.

— Vous vous souvenez de ce que je vous ai dit quand je vous ai demandé d'amener votre chat. Comme les corbeaux, les chats sont en harmonie avec le monde spirituel. Bien plus que nous. Votre chat nous a avertis de la présence de mauvaises vibrations quand il a sauté sur votre épaule et qu'il s'est mis à gémir. Il nous avertissait d'une présence invisible pour nous. C'était un signe.

Pendant un instant, Melissa a fixé sur moi un regard intense, puis a hoché la tête.

— Vous avez raison pour la dalle. Faisons cela. Mais avant de la refermer je voudrais déposer un bouquet d'angélique et d'autres herbes pour faire la paix avec les esprits qui sont en dessous. En particulier la personne qui chante. Bien sûr, il y en a forcément d'autres dans ce maudit endroit qui voudraient être libérés. Je vais faire de mon mieux pour les aider. Mais vous n'êtes pas obligé d'être impliqué.

— D'accord, ai-je répondu. Je vais attendre que vous ayez fini. Et après je vous aiderai à tout refermer.

Une fois le rituel de Melissa achevé, j'ai remis la dalle en place et rangé les chaînes et les poulies dans la voiture, pour les rapporter au garage le lendemain.

Étrangement, c'est uniquement en retombant sur la lettre de Maddy plus tard au cours de la semaine que je me suis rendu compte que je n'avais plus du tout pensé à elle. Je me suis alors souvenu de tout ce que Melissa m'avait dit. Peut-être que son sortilège de l'œuf de ramier avait produit son effet…

J'ai traité cette expérience à Rampton Hall comme un livre refermé. Je ne voulais plus y penser. Néanmoins, j'ai accepté une invitation de Melissa à un barbecue chez elle. Je n'ai pas emmené Toby Jug, qui n'aimait vraiment pas le lieu. Mais c'était peut-être aussi bien. En effet, à la fin de cette soirée en compagnie de gens du coin fort sympathiques, où nous avions mangé de délicieuses côtes de porc accompagnées de salades composées par Melissa, ma voiture a obstinément refusé de démarrer à l'heure du départ.

Rassasié de nourriture et de vin, je me suis décidé à rentrer chez moi à pied, plutôt que de prendre un taxi pour quelques kilomètres. Même si la route était peu fréquentée à cette heure de la nuit, j'ai préféré opter pour un raccourci à travers champs, en empruntant un chemin de Willowbrook Farm – la « ferme du Ru aux saules » – que je connaissais bien et en longeant Stag Wood – le « bois au Cerf ».

La mécanique de l'esprit est décidément chose bien étrange. Comme je longeais un bois de grands arbres, j'ai eu l'impression très nette d'être suivi. Certes, les ombres produites par une lune aux trois quarts pleine peuvent jouer des tours à l'imagination, mais je jure qu'une silhouette sombre marchait dans mon dos et au même pas que moi, à la lisière des arbres. À cet instant, le souvenir des histoires de loups-garous et de métamorphes de Melissa s'est emparé de mon esprit. J'ai commencé à accélérer l'allure. Quand j'ai atteint la petite route de campagne menant à Felton, je courais presque.

Je me suis arrêté un instant pour me calmer et reprendre mon souffle, mais c'est pile à ce moment-là que j'ai entendu un hurlement. J'ai eu beau chercher à me convaincre que c'était un gros chien qui hurlait à la lune dans une cour de ferme, j'aurais pu jurer que c'était un loup que j'avais entendu. Un frisson m'a parcouru l'échine. Je n'avais jamais eu de peurs superstitieuses des loups et loups-garous, mais j'ai commencé à me demander ce que notre intrusion dans les cachots souterrains avait bien pu libérer.

Quel soulagement de voir enfin le cottage blotti sans sa paisible tranquillité. Une fois à l'intérieur avec Toby Jug sur les genoux et un verre de whisky à la main, j'ai réfléchi aux événements de la nuit. En bon petit chat futé, Toby Jug avait eu raison de ne plus vouloir retourner à Rampton Hall. J'ai alors pris la décision de ne plus jamais entretenir la moindre relation avec cette demeure, Melissa, son corbeau ou ses histoires de sorcières. À l'instant même où je prenais cette décision, Toby Jug a commencé à ronronner. Oh ! comme j'étais heureux d'être chez moi avec mon fidèle compagnon. Je me suis promis de lui prodiguer des masses de marques d'affection au cours des jours suivants, pour me faire pardonner le stress auquel je l'avais exposé.

Dans l'après-midi du lendemain, j'ai pris le bus pour le village d'Eshott, puis marché jusqu'à Rampton Hall. J'emportais avec moi des câbles de démarrage, au cas où j'aurais besoin d'aide pour pallier une défaillance de la batterie, mais le plus surnaturel de cette histoire est que le moteur a démarré au premier coup de clé. Je me suis demandé si les esprits ne me jouaient pas un tour macabre. Pour en avoir le cœur net, j'ai fait vérifier le démarreur et la batterie. Eh bien, le garagiste n'a absolument rien trouvé. Pas le moindre problème…

Toby, Fynn et la chasse à la loutre

Rapidement, j'ai été de nouveau happé par le travail au cours du premier trimestre. Dans ma vie professionnelle, mes aventures les plus intéressantes survenaient lors de mes déplacements à l'extérieur, quand j'allais superviser, en début et fin d'année universitaire, les étudiants en stage pratique dans les coins les plus reculés du Northumberland, et parfois jusqu'à Selkirk et Galashiels en Écosse.

Le principal inconvénient était que je ne pouvais que rarement emmener Toby Jug avec moi. Il me fallait donc le laisser chez ma mère. Nous n'apprécions ni l'un ni l'autre ces séparations forcées, mais les retours au cottage étaient toujours grandioses. À cette époque, comme j'étais toujours étudiant à temps partiel pour finir ma maîtrise en sciences de l'éducation, je passais presque toutes mes soirées à étudier à la maison – ce qui convenait très bien à mon petit chat. Couché à côté de la machine à écrire sur laquelle je tapais mes comptes-rendus et analyses, il ronronnait joyeusement.

Le jardin aussi mobilisait une part importante de mon temps libre. Outre le désherbage et la récolte des légumes plantés au printemps, il y avait les premières feuilles mortes à ramasser.

Un soir que j'étais resté tard à mon bureau, je me suis arrêté au *White Swan* sur le chemin du retour. Installé devant le feu avec un verre de vin et une assiette de sandwichs au jambon, j'ai remarqué une affichette qui a fait monter ma tension artérielle à des niveaux stratosphériques. Elle annonçait une réunion du Northumbrian Otter Hunt Club, le club de chasse à la loutre du Northumberland, à 19 h 30 le mercredi suivant, dans le grand salon de l'hôtel. Que ces magnifiques créatures puissent être traquées pour le plaisir d'une minorité assoiffée de sang me mettait hors de moi. J'ai donc décidé d'être présent à cette assemblée et d'y exprimer le fond de ma pensée.

Dans l'exemplaire du bar du *Northumberland Gazette*, je suis tombée sur une photo qui a achevé de faire flamber mon indignation. On y voyait une femme d'âge mûr au physique trapu, portant des cuissardes et un chapeau de soleil, un bâton à la main et entourée d'une meute de chiens. C'était la responsable de la chasse à la loutre. Comme j'avais souvent entendu vanter le caractère affectueux de cette dernière, l'idée m'avait tenté d'en prendre une comme animal de compagnie. Le lendemain, j'ai envoyé une lettre enflammée au rédacteur en chef du journal, dans laquelle je condamnais cette pratique et appelais à son abolition. La publication de mon libelle n'a pas été sans m'attirer quelques ennuis.

Le mercredi, à l'heure dite, j'étais présent au *White Swan*. Le président du club, un membre de la noblesse locale, a déclaré la réunion ouverte et commencé par remercier les agriculteurs et pêcheurs de saumons de leur soutien sans réserve en faveur de la chasse. Chaque nom cité était chaleureusement applaudi. Un plateau a circulé parmi l'assistance pour que chacun puisse faire un don. Quand il est arrivé à moi, mon refus pour le moins virulent m'a valu son lot de regards noirs.

Le président a ensuite félicité un membre pour avoir fait passer le « baptême du sang » à trois jeunes chiens. J'ai demandé à mon voisin en quoi consistait ce fameux « baptême » et il m'a répondu qu'il s'agissait de donner des loutres aux chiens pour les familiariser avec le goût et l'odeur des proies. J'ai alors interrompu l'orateur pour demander si les loutres étaient vivantes ou mortes. Un colosse à l'allure de hobereau, le visage barré d'une moustache rousse, a aboyé une réponse qui a fait rire toute la salle à mes dépens.

— Ce ne sont que des chiots, crétin !

J'ai fixé le regard sur mon contradicteur et je n'ai pas aimé ce que j'ai vu. Son corps trop bien nourri et son arrogance satisfaite suffisaient à le rendre détestable, mais il arborait sur sa tenue un horrible accessoire qui m'a mis le cœur au bord des lèvres : une épingle de cravate qui n'était autre qu'un *baculum,* un os pénien de loutre mâle que les chasseurs sont fiers d'exhiber.

Mais qui étaient ces gens ? Des rejetons d'un âge lointain où la brutalité était la marque de ce que devait être un « homme » ? Tandis que je luttais pour contenir ma rage, j'entendais autour de moi les murmures enthousiastes que suscitaient la chasse et le baptême du sang.

Le président s'est alors lancé dans un long monologue pour expliquer, à mon intention, le code des pratiques en usage dans la campagne anglaise pour maintenir l'ordre, protéger les stocks de poissons et contenir la faune sauvage qui est une menace pour les animaux d'élevage, les volailles et les élevages de faisans. Comme je m'apprêtais à réfuter ces arguments, un policier est arrivé pour m'escorter hors de la salle sous les quolibets et les applaudissements des membres du club. Il m'a ordonné de rentrer chez moi, sans quoi je serais arrêté et poursuivi pour trouble à l'ordre public. Par la suite, le réceptionniste de l'hôtel m'a raconté qu'après m'avoir identifié comme un perturbateur un chasseur avait demandé à l'établissement d'appeler la police si je devenais violent.

Qu'on puisse tuer des loutres pour le plaisir dépassait mon entendement. Bien souvent, j'avais vu ces petits mammifères s'ébattre en famille le long des rives du Coquet. Chaque fois, le spectacle de leurs jeux me réchauffait le cœur. J'ai tout raconté à Toby Jug, à qui la cruauté des chasseurs avait fait perdre sa mère, son frère et presque la vie. Accoutumé à mes harangues sur toutes les questions qui me tracassaient, il s'asseyait sur mes genoux et me regardait comme s'il comprenait chacune de mes paroles. Ensuite, il se mettait à ronronner et me léchait la main pour me manifester sa compréhension et son soutien. Bien sûr, je n'ignorais pas qu'il ne faisait que répondre à l'attention que je lui manifestais, mais, ce faisant, il me rendait un fier service en m'aidant à structurer mes arguments. D'ailleurs, après cette diatribe, un embryon d'idée a germé dans mon esprit pour mener une action en faveur des loutres. Avant toute chose, j'avais besoin d'un allié pour concrétiser mon projet. Et je connaissais précisément la personne idéale…

Comme le soleil se couchait sur les champs et les bois du village de Felton, je suis parti, seul, sans Toby. Le crépuscule était déjà là quand j'ai trouvé le cottage où Tom vivait. Tout d'abord, mes coups à la porte sont restés sans réponse. Et puis, d'un coup, il est apparu à côté de moi.

Tom m'a alors expliqué qu'il était sorti par l'arrière de sa maison délabrée en entendant frapper. En effet, comme il vivait toujours à la lisière de la légalité, il avait préféré ne pas se retrouver face à un éventuel visiteur venu l'appréhender. Ces précautions étaient une seconde nature chez Tom, presque aussi sauvage que les créatures au contact desquelles il vivait. Il était si secret, renfermé et cachottier qu'il ne m'a pas invité à entrer. D'un geste, il m'a indiqué une souche devant la porte, puis s'est accroupi pendant que je lui exposais mon plan.

Je lui ai demandé s'il pouvait me fournir une substance capable de masquer l'odeur des loutres, de façon que les chiens ne trouvent pas leur piste. À ma grande satisfaction, Tom s'est tout à coup animé. Les animaux avec lesquels il partageait son domaine étaient ses amis. Il nourrissait un véritable sentiment de possession à leur endroit. Quant à la perspective de se jouer des autorités, elle a fait naître une lueur dans son regard. Son whippet, Pitch, a émis un petit grondement pour dire qu'il partageait l'enthousiasme de son maître. D'ordinaire bien peu loquace, Tom a non seulement promis de me fournir ce que je lui avais demandé, mais il s'est aussi porté volontaire pour m'aider.

— Ils forcent des pieux dans les entrées des catiches, les terriers des loutres sous la surface, de façon à leur couper toute possibilité de fuite. Après, il leur suffit de creuser pour sortir les petits. Si vous voulez, je peux faire en sorte que les accès des catiches ne soient pas bloqués.

J'ai remercié Tom en m'émerveillant de ce que venait de me dire cet homme d'ordinaire enclin au silence. La chasse étant prévue pour le samedi suivant, à la fin du mois de septembre, il me faudrait la « mixture » le vendredi, c'est-à-dire la veille, pour que j'aie le temps de mener à bien mon plan. J'ai laissé Tom et son whippet noir dans la paix de la forêt gagnée par l'ombre pour me rendre à Alnwick en voiture.

Windy Edge était mon étape suivante, et plus précisément les écuries d'Isabelle White. Je lui ai demandé si je pouvais louer une de ses bêtes pour faire une balade le long du fleuve, des pâtures au pied du château jusqu'au pont de Lesbury, le vendredi où j'avais prévu de mener ma mission.

— Vous pouvez prendre Fynn si vous ne vous lancez pas dans une randonnée trop longue. Diane Forester ne la monte plus, mais c'est toujours une monture fiable.

Sa suggestion m'a enchanté. Quand Toby Jug n'était encore qu'un tout petit chat, nous avions vécu une grande aventure avec Fynn au cours d'un été. J'ai donc convenu de venir la prendre sur le coup de 15 heures, ce qui me laissait tout le temps voulu pour mener à bien ce que j'avais en tête. J'ai remercié Isabelle, sans rien lui dévoiler de mes intentions. Pour elle, il ne s'agissait que d'une simple balade à cheval.

Je suis rentré chez moi fort satisfait. J'ai prévenu Toby que nous allions bientôt revoir Fynn, et qu'il pourrait grimper avec moi sur le dos de la jument, ou suivre à pied puisque je ferais de fréquents arrêts pour appliquer la substance concoctée par Tom.

Le jeudi, tard dans la soirée, un coup léger a été frappé à la porte de la véranda. D'ordinaire, Tom et son chien allaient et venaient comme des fantômes, mais l'oreille aiguisée de Toby m'avait alerté. Tom m'a remis un sac en toile de jute rempli au tiers d'une substance. Cette fois encore, cet homme habituellement si réticent à parler avait plein de choses à me dire. Il m'a ainsi annoncé que le club de chasse avait placé ses pieux dans les catiches des loutres.

— Je les ai un peu retirés. Juste assez pour que les loutres puissent passer, mais sans que ça se voie. Ce qui a dans le sac va réduire l'odorat des chiens à néant. Avec ça, plus question pour eux de lever la moindre piste pendant au moins une semaine, a-t-il ajouté avec délectation. Mais ne laissez pas votre chat s'en approcher. Ça pourrait le rendre malade.

Chose rare, il a accompagné ces derniers mots d'un petit sourire, comme on en voyait bien peu sur son visage sempiternellement morose.

Je l'ai remercié, en lui proposant également un défraiement pour ses dépenses, mais il n'a rien voulu savoir.

— C'était un plaisir pour moi, a-t-il répondu avant de disparaître dans l'obscurité du jardin.

Le vendredi, j'ai expédié mon travail pour partir tôt. Le temps était sec et ensoleillé, avec un peu de brume sur le fleuve. À l'idée de priver les chasseurs d'un massacre, je ressentais une forme d'excitation plus intense à chaque instant.

Apparemment, Toby Jug partageait mon impatience : il a sauté sur le siège passager de la voiture avant même que je n'aie eu le temps de fermer la porte de la maison. Quand il m'a vu seller Fynn, il ne se tenait plus de joie. Pendant notre randonnée dans les monts Cheviot, il s'était profondément entiché de la jument. J'étais heureux de constater qu'elle semblait ne pas m'avoir oublié non plus. En tout cas, elle se souvenait de Toby Jug. Quel bonheur de les voir se renifler l'un l'autre pour renouer connaissance. Après avoir remercié Maureen, la jeune fille de garde à l'écurie ce jour-là, je suis parti, avec mon sac en toile de jute attaché à l'arrière de la selle. Tout était prêt pour le déclenchement de l'opération.

J'ai attaqué la descente de la colline au sortir des écuries, Toby Jug installé devant moi sur la selle, heureux de chevaucher Fynn de nouveau. Quand nous avons atteint le fleuve, le soleil était encore haut dans le ciel. Une petite brise soufflait sur nos visages. J'ai mis pied à terre au niveau du gué, près d'une énorme pierre. Le courant était fort.

C'était l'endroit parfait pour commencer à répandre la décoction de Tom. J'avais déjà vu des loutres à cet endroit. Elles venaient pêcher des saumons qui attendaient pour franchir l'obstacle. Tandis que je tartinais généreusement la substance sur les pierres et les rives à l'aide d'une truelle, gants de protection aux mains, Toby sommeillait sur la selle et Fynn en profitait pour brouter l'herbe grasse.

Puis nous avons continué à descendre le cours d'eau, en nous arrêtant ici et là pour déposer la mixture, dont j'espérais qu'elle se révèle efficace le lendemain. Sur le chemin, j'ai remarqué de grands arbres, semblables à d'immenses monolithes, plantés bien longtemps auparavant et tout juste arrivés à maturité. À l'arrivée à Lesbury, Toby Jug est allé explorer les dessous du vieux pont de pierre, reniflant attentivement les arches et les rebords. Peut-être était-il capable de sentir la présence des loutres ? En tout cas, il fuyait résolument les endroits que j'avais dûment badigeonnés. Puis nous sommes repartis dans l'autre sens en direction du point de départ, pour appliquer le même traitement mais sur la rive opposée.

Pendant un laps de temps, Toby a préféré visiter la rive en solitaire, ignorant soigneusement mes mises en garde pour examiner les crevasses et les trous suspects dans les arbres.

Quand je voyais des rochers plats dans le lit du fleuve, autrement dit des lieux où les loutres pouvaient s'allonger et laisser leur odeur, je mettais pied à terre – et parfois dans la rivière – pour étaler ma pâte sur les pierres. Nous avons fait halte dans un petit bras mort. Depuis la selle, j'apercevais les silhouettes sombres de jeunes truites venues près de la surface dans la lumière du soir. L'endroit était charmant. Je suis descendu de selle.

J'ai desserré la sangle de Fynn, avant de lui donner des pommes et des carottes. Toby Jug a eu droit à une portion de poulet et moi à un sandwich jambon-oignons que j'ai fait passer avec un verre de châteauneuf-du-pape transporté dans une flasque. Ma philosophie était de profiter de la vie, quelles que soient les circonstances. *S'ils savaient,* ai-je songé, *ils seraient nombreux à être heureux d'échanger leur place sans intérêt avec la mienne.* Je pensais notamment à une bonne part de mes collègues. C'était une soirée délicieuse. J'ai levé mon verre aux charmes envoûtants de la campagne qui s'étirait tout autour de moi.

Prêt à repartir, j'ai réglé la sangle de Fynn pendant que Toby Jug gambadait dans l'herbe après les mouches. J'étais en train d'envelopper mon verre à pied dans une serviette quand un fermier au visage rougeaud est arrivé pour m'accuser en braillant de pêcher illégalement. Dans la brève altercation qui s'est ensuivie, j'ai protesté de mon innocence et fait valoir que j'avais le droit de chevaucher le long des rives du Coquet. Je suis parti en le laissant s'époumoner dans le vent. Un peu fatigué à présent, Toby s'est installé sur la selle pour une sieste. Par ailleurs, il n'appréciait guère les gens bruyants comme celui que nous venions de quitter. Le reste de la randonnée s'est passé sans incident. Autour de moi, j'entendais la faune sauvage qui commençait à sortir avec le crépuscule. Au fond des bois de Denwick, un renard a glapi. Plus loin, un lapin a couiné, victime sans doute d'une belette. Une crécerelle faisait du surplace au-dessus d'un fossé pour traquer le campagnol. Le soleil couchant a accroché quelques lueurs sur ses plumes rouges.

Comme nous approchions de la colline menant à Windy Edge, le soleil passait derrière l'horizon. En me retournant au sommet, j'ai vu un vol de colverts qui se posait sur l'eau dans une gerbe d'éclaboussures, pour passer la nuit dans les creux autour du gué. C'était le Northumberland que j'aimais. Mon pays. Et, comme le suggère la sagesse, il faut protéger ce qu'on aime, au risque sinon de le perdre. C'était pour cette raison précise que je m'étais lancé dans mon entreprise. Accroché à mon épaule, Toby dormait. À l'écurie, j'ai dessellé Fynn, avant de lui donner à manger en lui disant combien elle était formidable. Pendant ce temps, les deux jeunes filles qui s'occupaient des lieux dorlotaient Toby Jug à qui mieux mieux.

Je n'étais pas mécontent de rentrer et de me reposer. J'ai écouté une composition de Frederick Delius intitulée *The Walk to the Paradise Garden*. La musique nous a apaisés, Toby Jug et moi. Je l'ai remercié de l'aide qu'il m'avait apportée. Ce chat m'aimait comme aucune personne ne l'avait jamais fait. Quant à moi, je le plaçais au-dessus de tout. Après cela, nous avons partagé la tourte qu'une aimable voisine nous avait laissée pour dîner, puis nous sommes allés nous coucher. J'espérais que tous mes efforts n'auraient pas été vains. Si tout allait bien, la chasse ne trouverait aucune loutre.

Le lendemain matin, je nous ai confectionné un bon petit déjeuner anglais, avec des œufs et du bacon fumé maison

– acheté à un producteur local sur le marché d'Alnwick –, des saucisses de venaison grillées, du boudin noir et des tranches de pain frit. Toby Jug a été ravi. Ensuite, installés sur le siège de jardin devant la véranda, nous nous sommes détendus au soleil matinal en écoutant le chant des oiseaux. J'entendais les somptueux trilles d'une grive, un mâle bien décidé à impressionner une femelle. En plus de son répertoire, il imitait d'autres oiseaux. Quelque part au-dessus de ma tête, un merle gazouillait un air en l'honneur du matin. J'étais dans mon élément.

Plus tard, Toby Jug est allé prendre position dans le vieux pommier, à son poste stratégique d'où il pouvait suivre les allées et venues dans le village. Dans les branches, j'ai repéré une bonne quantité de pommes à cuire, qui faisaient une garniture incomparable pour les tartes.

Vers le milieu de la matinée, un voisin a glissé sa tête par-dessus ma clôture pour m'annoncer qu'il y avait eu du grabuge dans les pâtures du duc à cause du sabotage de la chasse à la loutre. Quelqu'un avait répandu un poison qui avait rendu les chiens malades. Apparemment, ils vomissaient tout ce qu'ils savaient, au point qu'il avait fallu faire venir le véto. La police avait été prévenue et le duc offrait une récompense pour toute information.

— Ça leur apprendra à persécuter des animaux innocents, ai-je dit.

— Tout le monde n'est pas de cet avis. Beaucoup de gens sont scandalisés parce que les loutres prennent des truites et des saumons dans les cours d'eau.

— Et comment sont-elles censées survivre ? ai-je rétorqué en criant presque. De toute façon, ça m'est complètement égal, ai-je conclu, bien conscient d'être à la limite de l'impolitesse.

— Oui, eh bien, il y en a certains, il faut toujours qu'ils fassent des ennuis, a-t-il dit, avant de disparaître hors de ma vue.

— Les fouineurs aussi ! ai-je crié.

J'éprouvais un intense sentiment de satisfaction. La nouvelle n'aurait pu me faire plus plaisir. Les loutres allaient survivre encore un peu.

J'étais bien désolé pour les chiens, mais au moins ils survivraient – ce qui n'aurait pas été le cas des loutres.

Alnwick était une petite ville à l'ancienne, avec un seigneur féodal, en la personne du duc de Northumberland, qui faisait la loi. Grand maître de la Percy Fox Hunt, un équipage de chasse à courre, c'était un ardent promoteur de la fraternité des chasseurs, comme ses nobles ancêtres avant lui depuis des temps immémoriaux.

— Les temps changent, ai-je murmuré en reprenant les mots de Bob Dylan, « *The times, they are a-changin'* ».

Depuis son perchoir parmi les pommes, Toby Jug m'a jeté un regard de plein assentiment.

Au cours des semaines suivantes, le travail a occupé tout mon temps. Le peu de liberté dont je disposais le soir était intégralement consacré à la préparation de mon examen. Alors que les jours devenaient plus courts, je restais souvent assis la nuit, à la lumière d'une seule chandelle, les rideaux ouverts, à contempler par la fenêtre les massifs de rosiers éclairés par les étoiles. Toby Jug aimait partager avec moi ces instants tranquilles, allongé sur ma nuque et en travers de mes épaules comme une écharpe. Parfois, nous restions ainsi en silence à observer une petite chouette chassant une souris dans le tas de compost, ou des pipistrelles voletant en tous sens.

Les matins froids et sombres d'automne, il me fallait toujours produire un effort gigantesque pour être à l'heure au travail. Mais une bonne tasse thé bien chaud, un toast couvert de miel et la présence amicale de Toby Jug faisaient des miracles sur mon humeur. Le soir, j'étais toujours heureux de rentrer et d'appeler Toby s'il n'était pas à sa place habituelle pour m'accueillir. Dès que j'apercevais son petit museau aux poils noirs et blancs, tout allait pour le mieux. Nous entrions ensemble dans la maison, aussi heureux qu'on peut l'être. Il ne me restait plus qu'à fermer les rideaux, allumer le feu et profiter de sa lueur et sa chaleur en buvant un verre de bourgogne. Tapis ensemble devant le foyer, nous nous demandions quels délices nous pourrions bien manger. Une assiette de foies de volaille pour Toby, et un steak, des poireaux et des pommes de terre frites dans le gras de bœuf pour moi. Ensuite, j'étudiais pendant que Toby se consacrait à une frénétique partie de balle rouge sur le sol. Puis il venait se coucher sur mes papiers pour m'informer de son intérêt pour la chose universitaire.

Dans les semaines qui ont suivi la chasse à la loutre, je devais être un jour à Berwick-upon-Tweed à 8 h 30 précises pour présenter les nouveaux étudiants à l'école primaire où ils allaient faire leurs tout premiers pas dans l'enseignement. Quelle que soit la saison, j'avais toujours froid à Berwick, sans doute à cause de la tristesse des bâtiments de pierre sombre et des hautes cheminées. Je suis donc parti en laissant Toby dans le cottage, occupé à finir une soucoupe de lait chaud avec un biscuit émietté et quelques morceaux de viande de mon repas de la veille. Il m'a regardé partir de son poste attitré dans le vieux pommier. J'ai ressenti un pincement au cœur, mais je ne pouvais pas l'emmener pour un aussi long trajet.

J'ai passé une journée bien fastidieuse à superviser deux étudiants dans une classe de chenapans déchaînés. À l'heure du déjeuner, je ne suis pas resté dans l'école, préférant aller marcher sur les remparts pour manger un simple friand. Il était tard quand je suis rentré le soir, le cœur bien lourd de devoir retourner à Berwick chaque jour du reste de la semaine.

Temps fort de cette semaine-là, l'institutrice de la classe a organisé une visite du vieil hôtel de ville de Berwick. Les enfants ont été fascinés par la prison de l'édifice, dans laquelle les ivrognes du samedi soir étaient mis au fer sur un bat-flanc incliné. Mais du point de vue des enfants la partie la plus intéressante de l'édifice était incontestablement le lieu d'aisance spécialement construit pour la reine Élizabeth II quand elle avait visité la ville. Les dessins produits par les écoliers à la suite de cette sortie – et exposés sur tous les murs de la classe – ont été une source de grande hilarité. Pour la plupart, ils montraient une souveraine portant une couronne assise sur les toilettes. Et tant pis pour l'innocence.

Dans la semaine suivante, sur le chemin du travail, je me suis arrêté au *Running Fox* pour acheter le journal. À cette occasion, j'ai entendu deux clients disant que le prêtre de l'église Saint-Michael venait de décéder. Cela m'a rappelé un souvenir de ma visite à Rampton Hall, au cours de laquelle j'avais exploré l'une des tours gothiques de l'édifice. Melissa m'avait parlé d'une cache où se dissimulaient les prêtres quelque part dans l'escalier en colimaçon, en me mettant au défi d'en trouver l'entrée. Seulement, j'avais beau chercher tout le long du lambris de chêne, je ne décelais aucune ouverture. Finalement, c'est Toby Jug qui avait déniché l'accès en reniflant suspicieusement une anfractuosité.

À force d'examiner, j'avais repéré un interstice sous la pierre, juste assez grand pour y glisser une main. En tirant dessus, la dalle s'était facilement soulevée, révélant une cavité suffisante pour que je m'y tasse avec Toby. À l'intérieur, il n'y avait rien d'autre qu'un antique trépied en bois. Quand je m'y suis glissé, suivi de près par Toby Jug, la dalle au-dessus de nos têtes a doucement repris sa place. Je venais tout juste de m'asseoir quand la trappe s'est rouverte, révélant Melissa qui nous regardait en souriant.

— Je me doutais bien que vous alliez trouver, a-t-elle dit.

— À dire vrai, c'est Toby qui m'a mis sur la voie.

— Quel petit chat intelligent. Je vous ai apporté une chandelle et des allumettes pour que vous puissiez vraiment ressentir ce que c'était que d'être un prêtre catholique à l'époque des Tudors.

Après l'avoir remerciée, j'ai allumé la bougie posée sur une étagère de pierre devant moi. Puis j'ai refermé. Je me suis demandé si la fumée pouvait trahir ma présence, avant de me rendre compte que les courants d'air dans la cage d'escalier étaient plus que suffisants pour la disperser.

— Avez-vous vu la lueur de la bougie ? ai-je demandé à Melissa après avoir rouvert.

— Pas du tout. De toute façon, au moindre bruit, le prêtre l'éteignait.

— Est-ce que quelqu'un s'est fait attraper ? ai-je demandé.

— Une seule fois, d'après ce que j'ai lu. Un jésuite, qui a été condamné au bûcher sur ordre d'Élizabeth Ire. D'après ce que dit l'histoire, le chasseur de prêtres utilisait un chien pour débusquer ses proies.

Je lui ai alors demandé de refermer la dalle pour éprouver encore ce que devait ressentir un prêtre traqué.

— Ce devait être assez terrifiant, a répondu Melissa. Un peu comme d'être traqué pour sorcellerie. Comme les femmes de mon ascendance. Enfin, c'est vous qui voyez. Mais rejoignez-moi quand même pour une tasse de thé avant de partir.

Je l'ai remerciée encore une fois puis, avec la dalle refermée, j'ai médité sur les horreurs de l'Angleterre des Tudors et du fanatisme qui obligeait les gens à se cacher dans une cellule minuscule, au risque sinon d'être mis à mort à cause de leurs convictions. Assis à mes pieds, Toby Jug a alors miaulé avec une telle intensité que j'ai instantanément compris le message : il en avait assez. Et moi aussi

— Que Dieu accueille l'esprit du pauvre prêtre assassiné, ai-je murmuré au mur de pierre en sortant de la cache.

C'était la semaine avant ma descente infructueuse dans les tunnels de Rampton Hall. J'ignorais encore ce que j'allais y trouver.

Un soir au cours de la même semaine, je me suis arrêté au *Northumberland Arms* à Felton pour prendre un verre et entendre les dernières nouvelles. L'établissement est au pied du coteau où se trouve ma maison, de sorte que j'y suis allé à pied après avoir nourri Toby Jug. En route, j'ai fait une halte pour regarder de l'autre côté du pont et contempler le fleuve un instant. Dès mon entrée dans le pub, j'ai senti un changement par rapport à l'atmosphère amicale habituelle. En me voyant, quelques jeunes agriculteurs installés au comptoir ont commencé à échanger des commentaires désobligeants. Apparemment, ils avaient lu ma lettre contre la chasse à la loutre publiée dans le *Northumberland Gazette*. Et ils étaient d'humeur belliqueuse.

L'un d'eux m'a apostrophé quand j'ai passé commande.

— Pourquoi tu n'irais pas te faire f***** ailleurs ?

Je n'ai rien répondu. J'avais le sentiment que les choses pourraient bien mal tourner. Je me suis donc contenté de prendre mon verre pour aller m'installer à l'autre extrémité du bar. Ils ont continué à marmonner entre eux, en me jetant de temps à autre un regard assassin. J'ai rapidement fini mon vin, puis je suis parti sous les huées de l'assistance.

Plus tard, alors que j'étais en train d'écrire à mon bureau, j'ai entendu du bruit dans la rue, puis une demi-brique a fracassé la fenêtre de mon salon. J'ai ouvert la porte. Il n'y avait personne. Cela étant, pas difficile de deviner à qui je devais cette amabilité.

Alertés par le bruit, ma voisine Laura et son mari sont sortis eux aussi. Ils m'ont réconforté en disant que ce devait être des gosses qui avaient fait le coup. Je savais que la réalité était tout autre. Une agression aussi violente était choquante. Et imaginer où elle pouvait conduire était carrément effrayant. Je n'en éprouvais que plus de sympathie envers les prêtres terrorisés tapis dans leur cache.

Toute cette agitation avait effrayé Toby, au point qu'il en avait disparu. Pour finir, je l'ai retrouvé coincé dans un espace entre le plancher et le bas de ma penderie dans la chambre. Quand je l'ai sorti, il était toujours en état de choc, tremblant de tous ses membres. Les animaux sont incapables de faire face à la violence humaine parce qu'ils ne comprennent pas les raisons qui la motivent

Changer le carreau m'a coûté de l'argent, mais je n'en suis pas moins resté déterminé à poursuivre ma campagne contre le massacre des loutres. Pour paraphraser William Shakespeare dans *Le Marchand de Venise* : « Si vous nous piquez, ne saignons-nous pas ? Si vous nous empoisonnez, ne mourons-nous pas ? » Si vous nous tirez dessus et nous traquez avec des bêtes féroces, n'éprouvons-nous pas une terreur intolérable ?

Les animaux ne peuvent pas plaider leur cause contre la persécution, mais je peux le faire pour eux. Je pleure la disparition de l'ours, du loup, du castor et de l'élan, tous éliminés de notre contrée à cause de la férocité et de l'avidité des hommes.

J'ai regardé mon chat bien-aimé sur mes genoux en songeant à tout ce que m'apportaient son amour et sa présence à mon côté. Les animaux sont un don de la nature, pas des jouets dont on peut se débarrasser quand ils nous ont lassés. J'ai repensé aux autres petites créatures avec lesquelles j'étais devenu ami avant l'arrivée de Toby.

Un petit rouge-gorge avait été parmi les premiers. Je l'avais vu suivre ma trace tandis que je bêchais le potager un week-end. C'était malin de sa part puisqu'il mangeait les larves et les vers que je faisais sortir. Quand je prenais une pause, il restait près de moi, à croire qu'il appréciait ma compagnie. De temps en temps, il se perchait sur le manche de mon outil et se mettait à pépier comme pour dire « Merci ».

Puis j'ai commencé à remarquer sa présence tôt le matin, quand je prenais une tasse de thé dans le jardin pour jouir de la vue avant de partir au travail. Ce brave petit oiseau ne cessait de me tourner autour, comme s'il attendait que je lui donne quelque chose. Étant donné que je petit-déjeunais rarement les jours de semaine, je n'avais rien à lui offrir, mais je rentrais à l'intérieur pour lui rapporter quelques céréales. Certains jours, il n'était pas là. Aussitôt, j'imaginais qu'il avait été tué par un rapace ou un chat en maraude. Mais, dès le lendemain, il revenait, plus en forme que jamais et toujours aussi aimable. Cet oiseau a fini par représenter quelque chose pour moi. Une amitié s'est développée entre nous au point qu'il venait me manger dans la main.

Presque tous les matins, la scène se déroulait de la même façon. Pendant que je buvais mon thé, je remarquais un petit mouvement au niveau du sol. C'était mon ami à plume qui faisait son entrée, du côté qui lui convenait. La petite silhouette radieuse pouvait arriver en sautillant depuis l'enchevêtrement sombre de l'aubépine, ou de la masse verte du houx. Ou alors il m'attendait déjà, crânement posé sur le mur du jardin. Mais, où qu'il soit et d'où qu'il vienne, sa présence me réchauffait le cœur. Avec son duvet soyeux dans les tons crème et brun et sa poitrine écarlate, il me saluait d'un gazouillis de bienvenue. Ses yeux vifs sondaient mes mains à la recherche d'une offrande. En voletant, il venait se poser sur mon poignet pour picorer les morceaux de céréales posés sur ma paume. Je sentais son souffle léger caresser mes doigts, aussi délicat qu'un rayon de lune. Je portais ma tasse à ma bouche, mais il était souvent plus rapide. Posé d'un bond sur le rebord, il se penchait sur la surface pour prendre une minuscule gorgée de thé chaud.

Cela devait devenir notre rituel du matin. Un tel degré d'intimité évoquait la proximité entre deux âmes sœurs. Ensemble, l'oiseau et moi contemplions le paysage hivernal des champs nus, qu'un blizzard avait saupoudrés de blanc. Nous étions en novembre, mais l'hiver pointait déjà le bout de son nez. Le Northumberland subissait une vague de gel et la vue de mon jardin était bien morne. Au-dessus de nos têtes, ailes noires sur fond de ciel plombé, un vol de freux regagnait sa colonie dans les grands pins. Un ris de vent gelé a fait bouffer les plumes du rouge-gorge, et courir un frisson glacé entre mes épaules. Il s'est posé au sol et, en hâte, j'ai regagné la chaleur de la maison. Je ne le voyais plus, mais nous nous sommes revus bien des fois encore le matin. C'était une véritable joie d'avoir un tel contact avec un oiseau sauvage. La chance ou le hasard n'avait rien à voir. Nous étions faits pour être amis. La famille hérisson était aussi au nombre de mes relations dans le petit peuple du jardin. Quand je m'asseyais pour contempler les feux orange et rouges du soleil couchant, ils arrivaient en rang pour me tenir compagnie. La tombée de la nuit invitait ces noctambules à parcourir le jardin en quête de limaces et d'escargots – une nourriture très saine dans un espace exempt de tout pesticide et autres substances toxiques. Je me sentais privilégié que la maman laisse ses trois petits jouer et chahuter autour de mes pieds. Pendant un temps, ces rendez-vous du soir se sont tenus régulièrement. Je leur apportais toujours un bol de lait chaud, qui était dûment apprécié.

En dépit du froid croissant, j'ai pris l'habitude de rester dans l'obscurité pour découvrir la vie nocturne de la faune sauvage de mon jardin. Quand la lune sortait, je pouvais voir les chauves-souris lancées dans leur ballet d'acrobaties aériennes entre les arbres pour se régaler d'insectes. Souvent, il m'arrivait d'être réveillé au même endroit, aux petites heures grises, par le cri strident d'une chouette partie en chasse. Épuisé, ankylosé, mais intensément heureux, je regagnais mon lit, laissant l'obscurité aux vrais oiseaux de nuit.

Les animaux sauvages revêtaient une telle importance dans ma vie que la seule pensée que des hommes les chassent et les tuent sans raison m'emplissait de dégoût. Personne ne m'a accusé directement d'avoir saboté la chasse à la loutre, mais mon éviction *manu militari* de la réunion et ma lettre au journal faisait de moi un suspect.

Tout le temps où j'ai continué de vivre au cottage de la Hulotte, et même quand je suis revenu m'y installer avec mon épouse, Catherine, des années plus tard, il y avait toujours des gens du cru qui m'en voulaient de placer la détresse animale avant le plaisir des hommes. Néanmoins, j'ai toujours puisé du réconfort dans la pensée que mes vues étaient partagées par un homme qui connaissait la région et les cours d'eau infiniment mieux que quiconque.

Comme j'avais bénéficié d'une promotion cet automne-là, avec à la clé un peu plus d'argent à la fin du mois, j'ai décidé d'investir. Depuis longtemps, je rêvais d'avoir un de ces congélateurs de plus en plus en vogue dans les maisons. J'ai donc fait le déplacement jusqu'à Newcastle-upon-Tyne pour en acheter un. Livré la semaine suivante, je l'ai installé au fond du garage, dans un espace tout spécialement dégagé. C'était un modèle de taille moyenne, grâce auquel j'allais pouvoir étoffer ma production culinaire, puisqu'il me permettrait de conserver tourtes et poissons.

Le hasard étant ce qu'il est, quelques jours plus tard, Tom et son chien sont sortis de l'ombre pour se matérialiser tout à coup devant moi alors que je balayais les feuilles mortes sur la terrasse, juste avant d'aller me coucher. Leur soudaine apparition m'a fait sursauter, mais je me suis efforcé de n'en rien laisser paraître. Tom m'a tendu un long paquet enveloppé dans du papier journal.

— Pour vous et votre chat. Un petit quelque chose qui ne finira pas sur la table de notre seigneur le duc.

— Qu'est-ce que c'est, Tom ? ai-je demandé en ouvrant le paquet, à peu près certain de découvrir un lièvre ou un lapin.

En fait, c'était un magnifique saumon, encore tout luisant d'eau. Ses écailles bleu et argent étincelaient dans la pénombre. Il faisait largement plus de deux kilos.

— Tom, c'est absolument magnifique ! Mais vous ne devriez pas enfreindre la loi pour moi. Vous voulez entrer pour boire et manger quelque chose avec moi ?

— Non, merci. J'ai des affaires qui m'attendent. Pitch et moi, on a encore un bout de chemin à faire avant le matin. On se verra plus tard. Et ne vous inquiétez pas pour le saumon. Il y en a encore plein là où j'ai trouvé celui-là. Juste sous le nez du garde-pêche…

L'évocation de ses exploits a fait venir un sourire sur ses lèvres minces. Juste comme il allait partir, il s'est retourné vers moi.

— C'était sacrément bien ce que vous avez fait pour les loutres, a-t-il dit dans un élan de rare spontanéité.

— Ça venait du cœur…

Je n'ai pas eu le temps de finir ma phrase. Il s'était déjà fondu dans la nuit avec son chien fidèle.

« *Dans la vie, tu ne croiseras que quelques âmes avec lesquelles tu seras en harmonie*, m'avait un jour dit ma grand-mère quand j'étais enfant. *Et quand ça arrivera tu les reconnaîtras.* »

— Je crois que Tom est du nombre, ai-je murmuré en refermant la porte de la véranda. Qu'est-ce que tu penses de ça, Toby Jug ? ai-je poursuivi en me penchant pour permettre au chat de renifler le saumon.

Comme aurait dit Jane Austen, il était « tout stupéfait ».

Plus tard, j'ai tronçonné le poisson en darnes, que j'ai placées dans mon tout nouveau congélo, sauf deux. Depuis la véranda, j'ai regardé le jardin baigné par la lumière de la lune, en souhaitant bonne chasse à Tom et son chien. Puis je suis reparti vers la cuisine pour préparer le saumon pour notre dîner…

La menace du nid de frelons

À mesure que l'année avançait, j'étais tellement pris par mon travail à l'université et la préparation de mon diplôme que j'avais parfois l'impression que la vie n'était plus qu'une succession de corvées, plus fastidieuses les unes que les autres. Certaines nuits, alors que j'avais encore une tâche ou une autre à accomplir, je sentais poindre l'envie de pleurer un peu sur mon sort, aidé sans doute par l'écoute en boucle de l'album *Point of No Return* de Frank Sinatra. Il suffisait alors que je regarde mon chat couché sur mes genoux pour que je retrouve tout mon allant et ma belle humeur.

— Toby Jug, tu es tout ce que j'ai dans la vie. Je n'ai ni femme, ni enfant. Je n'ai personne d'autre que toi, mon pote. Mais je me considère comme un homme heureux.

À ces mots, Toby se mettait à ronronner bruyamment. Pattes tendues, il faisait jouer ses griffes de plaisir.

Au cours de ce trimestre, les week-ends étaient mes seuls moments de liberté, et encore pas toujours. Quand le temps le permettait, Toby Jug et moi partions explorer la campagne. D'ailleurs, il allait être temps de partir randonner bientôt, sans quoi nous allions manquer quelques-unes des merveilles de l'automne.

D'ordinaire, nous partions dans nos vagabondages tard le soir ou tôt le matin pour profiter de la saison. À part Tom et son chien que nous croisions parfois, nous étions seuls au milieu de la nature sauvage. Source de vie pour la terre et les créatures, le fleuve m'attirait tout particulièrement. Nous suivions ses rives le long de ses méandres à travers les bois et les champs.

Bien des matins, avant même que le soleil ne soit levé, mon chat et moi nous arrêtions pour contempler le voile de brume au-dessus de l'eau. La surface immobile, aussi lisse qu'un miroir, se ridait quand une truite venait gober une mouche ou quand un grand campagnol sortait des roseaux pour plonger. Peu à peu, nous en sommes venus à connaître ce paysage aussi bien qu'un ami de longue date, et à voir des choses normalement invisibles. Une petite zone d'herbe aplatie à la lisière d'un champ de blé, où un renard s'était tapi pour guetter l'arrivée des lapins. Un peu plus loin, dans un bosquet touffu, entre les racines pourrissantes d'un arbre tombé, un creux dans la terre brune qui était en fait la gueule du terrier d'une famille de blaireaux. À côté d'une sortie secondaire près de l'eau, par où les animaux allaient boire à la nuit, un tas de peaux de lapins. Hormis le roucoulement d'un ramier, ou le meuglement des vaches dans un champ voisin, rien ne venait perturber la quiétude des grands feuillus. Cette incomparable atmosphère était l'essence de l'Angleterre. C'était la réflexion que je m'étais faite un printemps, alors que Toby et moi traversions un pré de fauche où des lièvres se battaient dans le clair-obscur.

Un soir de mars, alors que je rentrais d'un pub de campagne où j'avais passé la soirée avec des amis, j'étais tombé sur un spectacle tragique. Une voiture, sans doute passée peu auparavant, avait percuté un lièvre mâle qui traversait la route. Je m'étais arrêté pour ramasser son corps. Gravement touché, l'animal était presque mort. Doucement, je l'avais déposé sur le talus herbeux. Ensuite, alors que j'allais repartir, j'avais vu sa hase qui me regardait. *Bien sûr,* avais-je songé, *les lièvres forment des couples.* De retour dans ma voiture, je l'avais vue s'avancer à petits bonds, dans la lumière des phares, pour aller se pencher sur le corps. Juste avant de mettre le contact, j'avais entendu le gémissement, reconnaissable entre tous, du dernier désespoir.

Toby Jug et moi suivions les sentes des créatures sauvages pour améliorer notre connaissance des bois. Un jour, dans un recoin, nous avons trouvé les restes d'un nid de pluvier pillé par des belettes. Les coquilles avaient été vidées jusqu'à la dernière goutte de leur substance par ces prédateurs capables de mordre un lapin à la gorge pour le vider de son sang, ou de razzier en un clin d'œil un nid de canetons à peine sortis de l'œuf. Telle est la loi de la nature. Et il nous faut la respecter car elle est la clé de la survie de toutes les espèces. Nous vivons tous aux dépens des autres. Je peux l'accepter car c'est la règle de la vie sauvage. En revanche, quand l'homme arrive, la nature n'a plus aucune chance.

Au cours de certaines de mes promenades avec Toby Jug, je revivais les exploits de mon enfance en cherchant à découvrir où les oiseaux avaient bien pu construire leurs nids. Je m'empresse de préciser que ce n'était pas pour piller les œufs, mais pour observer l'ingéniosité dont fait preuve une minuscule créature pour bâtir un abri pour les siens. Une fois, nous avons trouvé un nid de mésange bleue, constitué d'herbes sèches soigneusement choisies, profondément enfoncé dans le trou d'un arbre. À l'intérieur, il y avait quinze œufs blancs minuscules couverts de petits points orange. Un autre jour, c'est un nid de merle que nous avons découvert dissimulé sous une touffe d'herbe, avec des œufs d'un vert olivâtre taché de sombre, puis un nid d'alouette des champs, une ingénieuse construction ouverte placée au milieu du paysage, contenant trois œufs finement ombrés. J'ai montré les nids à Toby, mais, hormis un rapide reniflement, il n'a guère paru intéressé. Les oiseaux retenaient plus son attention que les œufs.

En hiver, nos promenades prenaient souvent un tour très différent. Par exemple, quand les arbres étaient nus, il était bien plus facile d'observer les plus grands oiseaux, tels que les freux. L'activité dans une colonie est un spectacle très intéressant à regarder. Classiquement, les freux se volent mutuellement la nourriture, mais que l'un d'eux trouve que le nid de son voisin est plus joli et ce sont les matériaux de construction qu'ils se chipent. J'étais fasciné de les voir se réunir en cercle dans un champ, comme s'il s'était agi d'une conférence. Je n'ai jamais compris au juste ce qui se passait à cet instant, mais j'étais impressionné par leur intelligence.

Après la première neige, suivie d'un fort gel, un tour au bord de l'eau permettait de découvrir ce qui restait d'ordinaire dissimulé. De fait, le manteau blanc révélait le relief des petits tas de terre à côté des terriers des rats des champs. Les sentes du gibier, cerfs et sangliers, devenaient visibles, dans les bois comme en terrain ouvert.

Toby Jug appréciait ces excursions autant que moi. À la lueur d'excitation dans son regard, je voyais que ses instincts de chat étaient éveillés. Il était toujours fou de joie à l'idée de m'accompagner quand je choisissais de sortir. Qu'il pleuve, qu'il vente ou qu'il neige, il marchait à mon côté – ou farfouillait non loin.

J'aimais partir suffisamment tôt pour voir le soleil se lever, en général à la fin du printemps ou au début de l'été, quand la chaleur était suffisante pour me pousser à sortir de mon lit. Avec Toby Jug, tenu en laisse, nous jouissions de ce que j'appelais la « fragrance de l'aube ». Comme les premiers rayons du soleil touchaient le sol, celui-ci libérait les senteurs de l'herbe rafraîchie par la rosée et les arômes des fleurs sauvages qui s'ouvraient. Même les arbres apportaient la note entêtante des résines de leur écorce. Souvent, Toby et moi faisions un arrêt pour humer l'air ambiant de concert.

Quand je songeais au tohu-bohu des villes, au bruit de la circulation et aux clameurs des gens dans les bus et les cafés, je me sentais infiniment heureux de vivre dans un cadre rural aussi tranquille. Le goût de mon chat pour le silence était l'un de ses traits de caractère les plus agréables. Toby Jug ne miaulait et gémissait que pour communiquer quelque chose d'important. Même ses ronronnements avaient un petit côté suave. Mais, le plus souvent, il préférait le silence.

Outre l'aube, la brune est un instant de choix. Quand le jour commence à décliner, un sentiment d'achèvement et de paix vient couronner la journée. Par temps clair, le ciel se lance alors dans une célébration de la couleur devant laquelle tout le monde devrait s'arrêter. Puis, quand le soleil disparaît derrière l'horizon, il y a des explosions de rose et de vert, avec des traces d'indigo, de rouge, d'or et d'orange, avant un final d'ambre évanescent, qu'on appelle le crépuscule.

Parfois, Toby Jug et moi nous éloignions de notre coin. Petit village pittoresque au sommet d'un promontoire avancé dans la mer, le long de l'estuaire méandreux du fleuve Aln, Alnmouth était l'endroit parfait pour nos flâneries. La vue depuis la grève était spectaculaire, et les vasières, les marais salants, les dunes de sable, les broussailles et jusqu'à la petite île au large étaient autant de coins largement fréquentés par l'avifaune sauvage en toutes saisons. Nous y observions souvent des espèces indigènes, telles que le chevalier gambette, l'eider et l'huîtrier, un autre échassier. Mais il y avait aussi des hiboux des marais et d'autres limicoles, comme le courlis. Certaines fois, Toby et moi marchions pendant des kilomètres le long de la côte, ce qui n'était pas sans nous rappeler nos randonnées avec Lady May.

Après les troubles de l'automne autour de la chasse à la loutre, j'aurais voulu pouvoir aller me balader plus souvent avec Toby, mettre un peu de côté mes autres activités et pratiquer l'aquarelle – une occupation à laquelle j'ai toujours trouvé des vertus thérapeutiques. La forme et l'agencement des arbres stimulaient mon imagination. J'aurais aimé pouvoir saisir les ombres et les nuances de la campagne. À cette période de l'année, les arbres à feuilles caduques se lançaient dans un véritable concours d'élégance. Mais certains encore plus que d'autres. Par exemple, les feuilles du hêtre pourpre prenaient des teintes dans les bruns rouges absolument stupéfiantes, tandis que celles du chêne arboraient une subtile note dorée. Mais le frêne et le platane les surpassaient tous avec leur palette d'écarlates, en particulier si l'été avait été humide et tardif. L'incroyable gamme de couleurs de nos bois était une merveille à contempler dans une promenade à pied ou à cheval, à travers des clairières que les tapis de feuilles peignaient d'une infinité de nuances. Malheureusement, cette féerie semblait ne durer qu'un moment, avant que le gel ne transforme tout en une boue humide et uniformément brune.

Le passage de l'automne à l'hiver revêtait une importance particulière pour la faune sauvage dans sa lutte pour la survie. Les écureuils et les souris recherchaient fébrilement tout ce qui se mangeait et pouvait se conserver : noix, bulbes de fleurs, œufs. C'était une période où il fallait s'attendre à ce que les rongeurs cherchent un coin chaud où nicher à l'intérieur. Pour éviter ces locataires, j'avais recours à des mesures radicales au cottage de la Hulotte. Comme l'idée de piéger ou tuer des animaux me faisait horreur, je répandais du piment et du poivre au pied des murs et autour des ouvertures pour tenir rats et souris à bonne distance. Si une maligne parvenait néanmoins à se glisser, je la piégeais dans une nasse munie d'un appât, tel que du fromage ou du chocolat, pour la capturer sans lui faire de mal. Comme je l'ai appris à mes dépens, il faut ensuite libérer l'intrus à au moins un kilomètre de distance. Sans cela, c'est retour à l'expéditeur…

Vers la fin de l'automne, j'ai constaté que j'avais affaire à un autre genre d'intrus dans mon jardin. Cette fois-ci, la menace était sérieuse, pour la santé de Toby Jug, la mienne et celle de mes voisins.

C'est en me disant que j'avais besoin de plus d'espace pour mes outils de jardin – brouette et tondeuse notamment – que j'ai découvert le problème. Le garage étant déjà plein à ras bord avec l'établi et les échelles, je suis allé chercher un abri dans un magasin de Scotswood. Rapidement, j'ai compris que ma Mini était trop petite, même pour le plus petit abri vendu dans son carton. À contrecœur, je me suis donc résolu à payer les frais de livraison. Une fois livré, il a fallu que je réfléchisse à la meilleure façon de le monter. Mais, comme je ne suis pas le plus habile des hommes, la construction de mon achat n'a pas été sans me poser son lot de difficultés.

En désespoir de cause, j'ai engagé un menuisier du coin pour me donner un coup de main. En fait, c'est lui qui a monté l'abri, pendant que je faisais l'arpète, sous le regard étonné de Toby Jug. L'homme de l'art rendait les choses si simples que je me sentais gêné de ma propre incompétence. Même pas besoin pour lui de lire la notice. En deux temps trois mouvements, j'ai eu un abri flambant neuf monté dans mon jardin.

Pour poser le tout sur une base solide, j'avais creusé une surface de forme oblongue, dans laquelle j'avais coulé une dalle de béton. Cela a été ma principale contribution. Mais une fois le montage achevé j'ai découvert que j'avais déterré une sacrée menace. En effet, j'avais dérangé un nid de frelons jamais détecté jusqu'alors, logé dans une branche pourrie enterrée dans le sol. La dalle de béton était venue obstruer une des sorties du nid. Comme de juste, la situation n'est apparue dans toute son ampleur que quelques jours plus tard, quand le mal était fait. L'abri était installé, prêt à être utilisé. Il n'y avait plus rien que je puisse faire de ce côté-là.

Un matin, alors que je prenais mon thé debout dans le jardin pour contempler les monts Cheviot, j'ai été attaqué par plusieurs frelons. Je n'ai été piqué que deux fois, mais cela a été suffisant pour que je coure me réfugier à l'intérieur, avant d'avoir à faire face à tout l'essaim. Les piqûres étaient si graves que j'ai dû aller me faire soigner au cabinet médical. Rouges et gonflées, les zones piquées étaient extrêmement douloureuses. Le médecin a dû me prescrire des antihistaminiques. Par la suite, j'ai appris que le venin des frelons est plus puissant que celui des guêpes, et qu'il peut piquer à plusieurs reprises, contrairement aux abeilles qui perdent leur dard dès la première fois.

Une fois soigné, je suis passé prendre un bol de soupe aux lentilles au *Running Fox* préparée par Joan, la propriétaire, selon une recette personnelle. C'était exactement ce qu'il me fallait à cet instant. L'estomac bien calé, je me suis senti beaucoup mieux. J'ai alors raconté ma mésaventure aux autres clients. Quelle n'a pas été ma surprise d'apprendre que les frelons étaient non seulement un problème dans mon jardin, mais une menace pour tout le village.

De toute évidence, il m'appartenait de faire quelque chose pour éliminer le nid, pour le bien de toute la communauté. Mais quoi faire ? Se débarrasser d'une invasion d'insectes n'est pas chose facile. Je me souvenais de l'essaim d'abeilles qui avait envahi le cottage quelques années plus tôt. J'ai été abreuvé de conseils, bien intentionnés pour la plupart, mais totalement faux.

— Il faut verser de l'essence dans le nid et mettre le feu !

— Donnez-leur de la mort-aux-rats dans du miel.

— Il faut creuser et les noyer au tuyau d'arrosage.

— Appelez la mairie. Ils vous diront comment faire.

J'ai réfléchi à toutes ces suggestions, pour finir par appliquer celle qui me paraissait la plus censée : consulter l'association régionale des apiculteurs. Pour ces derniers, les frelons sont un vrai fléau. Ils peuvent envahir une ruche et tuer toutes les abeilles. Un membre du groupement, au visage enjoué, m'a recommandé d'acheter un certain aérosol.

Après plusieurs tentatives infructueuses, menées sous la menace de leurs piqûres, j'ai finalement réussi à tuer un grand nombre d'insectes en aspergeant largement les entrées et les sorties du nid. J'ai répété l'opération plusieurs fois, toujours pendant qu'il faisait noir, à des moments où les frelons étaient à l'intérieur et endormis. Puis, pour le coup de grâce, je suis sorti de la tranchée pour me lancer à l'assaut. Vêtu d'une tenue de survie de haute montagne, que m'avait aimablement prêtée un ami policier, avec des gants épais aux mains et un masque d'apiculteur sur le visage, je me suis attelé à l'horrible tâche consistant à creuser pour extirper le nid.

Ce n'est pas peu dire que j'ai été surpris de voir à quelle profondeur les frelons avaient réussi à s'enfoncer dans le bois en décomposition. En moi, l'amoureux de la nature grinçait des dents de détruire ce qu'avait produit l'ingéniosité de ces créatures, mais j'avais le sentiment de n'avoir aucune autre solution. Je me suis consolé en me disant que je rendais un fier service à tous les voisins du village. Une partie de moi espérait que la reine des frelons avait réussi à échapper au massacre pour aller bâtir un autre nid loin d'ici, très loin.

Pendant la crise, Toby Jug n'a pas été vu une seule fois à proximité du centre des opérations. D'ordinaire, quand je jardine, il me suit comme mon ombre. Mais que survienne une abeille ou une guêpe agressive, voire un frelon, et mon chat devient la discrétion incarnée.

L'annihilation du nid de frelons a produit un effet immédiat sur le comportement de Toby. Le lendemain matin, alors que j'étais occupé à vernir le bois du nouvel abri de jardin, Toby est arrivé d'un pas nonchalant, dans le plus pur style inspecteur des travaux finis. Après une analyse approfondie des restes du nid détruit, menée par le truchement de l'odorat et de quelques coups de patte, il est venu s'asseoir près de moi, fier et radieux, comme s'il me manifestait sa satisfaction pour me féliciter.

— Tu vois tout ce que j'ai fait pour écarter le danger. Et ce n'est pas grâce à toi !

Cette remarque a été soigneusement ignorée, Toby ayant décidé qu'il ferait aussi bien de s'occuper de sa toilette pour passer le temps jusqu'à l'heure du déjeuner.

— Les chats sont des créatures tellement soignées, ai-je marmonné pour moi-même en poursuivant mon travail fastidieux.

Une fois mon vernis terminé, je suis allé faire quelques achats. Et, pour faire plaisir à Toby Jug, je l'ai autorisé à venir avec moi.

— Autant aller à Rothbury, ai-je dit, comme si Toby se souciait de savoir où on se rendait du moment qu'il venait. On est samedi, Alnwick et Morpeth vont être bondés.

Après avoir acheté des provisions pour la semaine, je suis passé à une nouvelle boutique spécialisée dans les articles pour animaux. J'y ai pris des biscuits pour chat, un nouveau harnais et une nouvelle laisse en cuir pour Toby, ainsi que quelques souricières « non létales » pour le nouvel abri de jardin. J'aimais autant qu'il ne devienne pas un refuge hivernal pour les rongeurs du coin. Ensuite, j'ai fait un saut à ma quincaillerie préférée, qui m'avait déjà été bien utile dans le passé. J'ai pris un enduit pour protéger le ciment de la dalle, ainsi que du mastic pour obturer tous les interstices autour de la plinthe à la base de l'abri. D'expérience, je savais que les insectes étaient très doués pour trouver la moindre anfractuosité dans laquelle se glisser. Autant que possible, je préférais prévenir tout risque de nouvelle invasion. Je déteste avoir à détruire des créatures sauvages, sous quelque forme que ce soit. Enfin, j'ai acheté une grosse lanterne à pétrole, quelques mèches et un bidon de lampant pour l'éclairage de l'abri.

Plus tard, garés au bord du Coquet, nous avons mangé un *fish and chips*. Cela devenait une habitude à chacun de nos passages à Rothbury, mais voir Toby engloutir son poisson avec un tel plaisir me faisait sourire de satisfaction. Pour ma part, j'ai grignoté lentement en regardant les canards et les cygnes glisser sur l'eau. J'aimais beaucoup Rothbury, paisible bourgade rurale à l'air vif et sain, avec plein de choses intéressantes à voir, où on pouvait faire à peu près toutes ses courses, et dont le boucher était l'un des meilleurs de la région.

En songeant qu'il n'est jamais trop tôt pour préparer Noël, je suis précisément passé chez le boucher pour commander une dinde de taille moyenne et un gros rôti de bœuf dans le rumsteck, que je passerais prendre quelques jours avant l'échéance. À n'en pas douter, nous ne manquerions pas de préparer d'autres mets pour l'occasion, mais j'avais le sentiment que dinde et bœuf nous assureraient, à Toby et moi, un ravissement des papilles.

Sur le chemin du retour, j'ai conduit en prenant mon temps sur les routes sinueuses pour profiter de la belle lumière du soleil de fin d'automne, dont les rayons filtraient à travers les toutes dernières feuilles. À Morpeth, j'ai fait un arrêt à la jardinerie pour acheter une nouvelle brouette et une ample provision de graines pour les oiseaux, destinées aux mangeoires que j'avais suspendues dans le jardin, ainsi que deux nichoirs supplémentaires. Plus loin, je me suis garé sur le bord de la route pour crayonner une rapide esquisse de trois arbres minces au milieu d'un champ. Depuis longtemps, j'admirais ce bosquet chaque fois que je passais sur cette route, en me disant qu'un jour j'en ferais un tableau. Mon dessin achevé, l'heure était venue de rentrer.

Au cottage, j'ai rangé dans le nouvel abri tout le matériel de jardin qui encombrait le garage, ainsi que la nouvelle brouette et la nourriture pour les oiseaux. Ma tâche achevée et la crise des frelons enfin terminée, il était grand temps de fermer les rideaux, de préparer le feu et de souffler un peu. Les soirées étaient déjà plus fraîches. L'humidité et les brouillards traditionnels en cette saison préparaient la terre pour le gel et la neige. La nature était déjà consciente de tout cela. J'étais ravi de voir les oiseaux profiter de ce que le jardin avait à offrir, en prévision des privations de l'hiver.

Cette année, j'avais pris la décision de laisser les mûres, les cynorhodons et quelques pommes et poires de mon petit verger aux oiseaux, aux écureuils et aux autres animaux sauvages, dont les besoins étaient bien plus grands que les miens. Une expérience que j'avais faite lors de ma dernière visite à Etal, un magnifique village rural près de la frontière avec l'Écosse, avait renforcé ma détermination dans ce sens-là. Alors que je prenais un thé et un sandwich dans le jardin abrité du salon de thé *Lavender* au délicieux charme suranné, j'avais été stupéfait du nombre d'oiseaux qui sautillaient entre les tables en quête de miettes. Leur présence faisait la joie d'une partie des clients, comme si ces petits animaux effectuaient un numéro spécialement conçu pour amuser la galerie. Je brûlais de dire à tout le monde que ces créatures étaient chaque jour menacées de mourir de faim et qu'il n'y avait pas de quoi rire, mais je me suis abstenu. Car si le bonheur est dans l'ignorance, alors c'est folie que d'être sage.

Pourtant, le nombre des oiseaux diminue chaque année à cause de la destruction de leur habitat par l'homme, par la construction dans les zones naturelles, l'abattage des arbres et l'arrachage des haies. De nombreux agriculteurs sont responsables également à cause de l'usage excessif d'insecticides et du labour de la moindre parcelle. La faune sauvage n'a plus nulle part où aller. Les moineaux sont parmi les oiseaux les plus menacés, mais le nombre des étourneaux a lui aussi diminué de façon alarmante. Ce jour-là, j'ai émietté le reste de mon sandwich pour le distribuer aux créatures affamées.

Dans le même ordre d'idées, j'avais décidé de ne décorer la maison qu'avec des branches de houx sans boules rouges, pour laisser ainsi les baies aux oiseaux. Et puis, pour apporter une autre petite pierre, j'ai encore ajouté une mangeoire dans le jardin.

Pour la prochaine fête des moissons à l'église Saint-Michael, j'ai préparé une contribution. J'avais plein de pommes à couteau du verger, ainsi qu'une ample provision d'une variété vert clair de pommes à cuire. L'arbre de Toby Jug ayant été particulièrement généreux, j'avais plus qu'il n'en fallait à partager. J'y ai joint également un lot de légumes – pommes de terre, choux, tomates et oignons nouveaux.

La petite église de pierre, au sommet de la colline en venant du fleuve, avait été décorée avec goût pour la cérémonie, avec une abondance de fleurs aux couleurs vives, dahlias et chrysanthèmes, et quelques roses délicates de fin de saison. Les paniers de fruits et légumes étaient exposés sur le devant de l'autel, conférant au bâtiment éclairé par d'innombrables bougies un air champêtre et gracieux. Après le service, une fois les prières prononcées et tous les contributeurs remerciés, des rafraîchissements ont été servis. J'ai bu un verre étonnamment bon de vin de baies de sureau fait maison, et mis de côté un morceau de fromage pour Toby Jug. C'était un produit que je n'achetais pas, mais je savais qu'il aimait bien. De fait, ma mère qui en raffolait, et chez qui il séjournait quand j'étais absent, lui en donnait toujours.

Tout bien considéré, cette fête des moissons avait été un succès. Par la suite, j'ai appris que les dons cette année-là avaient été plus que suffisants pour garnir le garde-manger des nécessiteux de la paroisse.

Par ailleurs, cette fête indiquait également que le moment était venu de préparer le cottage pour l'hiver. Après quelques réparations mineures dans la maison, telles que resserrer des vis et rafistoler l'espagnolette d'une fenêtre, je me suis intéressé aux ardoises à remplacer sur le toit avant l'arrivée des pluies. Une fois ces travaux achevés, j'ai dû retourner à ma thèse, ce qui ne me laissait que peu de temps libre à partager avec Toby Jug. Néanmoins, j'ai pris conscience que le surmenage me guettait. « Arrêtez le monde, je veux descendre ! » De manière sous-jacente, tel était mon d'esprit. J'ai donc décidé de faire une pause le week-end suivant, pour échapper à la spirale infernale.

Au-delà de nos besoins immédiats, Toby Jug et moi n'allions rien faire d'autre que prendre du bon temps. Je me suis alors dit que la reprise de la pratique de l'aquarelle serait pour moi la meilleure des thérapies. Pas de pages d'écriture, pas de travaux de recherche, pas de bricolage dans la maison. Rien d'autre qu'un peu de peinture pour le simple plaisir de la création.

J'ai toujours trouvé que la préparation d'une séance faisait autant partie du processus créatif que le geste de peindre lui-même. Elle contribuait à susciter l'humeur appropriée. Il fallait remplir plusieurs petits pots, préparer des pinceaux, tendre le papier en l'imbibant d'eau avant de le faire sécher. Ensuite, quand tout était prêt, il fallait encore transporter le coussin posé à côté de ma machine à écrire dans le bureau pour l'installer à côté du matériel de dessin. Depuis cette position, Toby Jug se prévaudrait de superviser toute l'opération. Il lui fallait renifler chaque pinceau que j'entendais utiliser, goûter l'eau de chacun de mes pots, même un peu colorée par quelques pigments, et laisser quelques marques de dents dans mes crayons aquarelle. L'enthousiasme était incontestablement la plus belle des qualités de Toby Jug. Son désir de participer au moindre de mes faits et gestes faisait de lui un compagnon inestimable. Quand il était avec moi, je ne me sentais jamais seul. Même quand un silence tranquille s'installait, le lien émotionnel entre nous était toujours là.

J'ai feuilleté mon carnet de croquis pour examiner les ébauches que j'avais faites de paysages vides de tout personnage, avec seulement des arbres et le moutonnement des collines. Chacune d'elles ravivait dans mon esprit l'émotion mystique que la campagne peut susciter en moi. Pour peindre une scène, je ne représentais pas la vue à la manière dont j'en aurais pris une photo, mais j'utilisais le paysage comme un vecteur pour traduire le ressenti que le lieu avait provoqué en moi. J'ai tourné une page et laissé remonter les sensations de cet instant où j'avais contemplé, ébahi, la puissance terrifiante des vagues se brisant sur la digue. Je revoyais le panorama alentour et éprouvais de nouveau les sentiments qu'il avait fait naître. Les couleurs que j'utilisais étaient le reflet de mes perceptions, et non pas la recherche d'une représentation réaliste. Ma personnalité était plus en accord avec les teintes dans les rouges, oranges et jaunes. Mes goûts me portaient plus volontiers vers la peinture de Turner et des impressionnistes, adeptes des couleurs vives.

Par-dessus tout, j'adorais peindre des arbres. Dans mon jardin, j'avais un alisier blanc, acheté à la jardinerie alors qu'il n'était qu'un baliveau, puis planté le jour même. Au fil des ans, je l'avais soigné et j'avais enrichi son sol par du compost, jusqu'à ce qu'il devienne un magnifique spécimen au tronc épais et au feuillage clair dans les tons vert olive au printemps et en été. À l'automne, les feuilles prenaient une teinte violine d'un côté et argent de l'autre. J'adorais cet arbre à tous les stades et sous toutes ses apparences, notamment au moment de la floraison à la fin du mois de juin. Combien de fois n'avais-je tenté de saisir sa beauté dans mes travaux d'aquarelliste ?

À mes yeux, chaque arbre est unique et possède un esprit qui détermine sa forme, la couleur de son feuillage et la manière dont il pousse. Avant de peindre, j'étudiais l'arbre qui était mon sujet et j'en faisais des esquisses. Ce jour-là, tandis que Toby Jug jouait à mon côté, je me suis lancé dans la représentation d'un bosquet repéré au cours de mes nombreux déplacements jusqu'à Morpeth. Quand j'empruntais l'A1, je remarquais toujours ce petit groupe sur ma droite, isolé au milieu d'un champ, avec un long tronc élancé et une couronne de feuillage compacte qui n'était pas sans évoquer le pin. J'avais dû passer devant une bonne cinquantaine de fois avant de me garer à un embranchement pour traverser le champ à pied afin de les voir de plus près. Ils étaient plus impressionnants qu'ils n'en avaient l'air depuis la route. Vu de près, j'ai perçu de la grandeur et une singulière beauté dans leur isolement. Il se dégageait d'eux une forme d'aura spirituelle. Je suis reparti très inspiré, déterminé à faire leur portrait au mieux de mes capacités. Le titre de mon tableau serait : *Les Pins solitaires*.

Au moment de peindre, je devais lutter longuement pour trouver l'essence de la scène, telle que l'aspect aux yeux du promeneur de la brume matinale sur le vert d'une prairie. Car ce que je recherchais avant tout c'était de transmettre, à qui voudrait bien regarder mon travail, une part de l'exultation que j'avais ressentie. En maniant mes aquarelles, je crois que je tentais de retranscrire ma vision de la vie et de l'univers, de comprendre l'ordre du monde. Par la représentation d'un paysage, d'un arbre ou d'une mer déchaînée, je me rapprochais des rythmes intimes et secrets de la nature. Je brûlais de parvenir à reproduire un indice suggérant la perfection de la forme et des couleurs, mais, comme tout un chacun, je devais me contenter de ce que donnait le meilleur de mes efforts.

Peu importent les événements de cet automne-là – la chasse à la loutre, une brique dans ma fenêtre, une attaque de frelons –, nous pouvions toujours nous concentrer sur le plus important de tout à nos yeux : la nature. Après cette séance de peinture, Toby Jug et moi sommes restés un moment dans un état de paisible contemplation.

Le fait que mon chat fasse écho à toutes mes émotions montrait à quel point nos vies étaient entremêlées et bénéfiques l'une pour l'autre. Et comme c'était exaltant de voir qu'un élan créatif pouvait nous laisser tous deux satisfaits et en paix avec nous-mêmes pour le reste de la journée.

À l'université, l'organisation d'événements dans les semaines avant Noël ne faisait qu'ajouter à la charge de travail. Les filières théâtre et musique ont monté des spectacles. La troupe de la Royal Shakespeare Company est venue se produire à Newcastle-upon-Tyne, au Theatre Royal, si bien qu'il a fallu prévoir une sortie obligatoire pour les étudiants. Enfin, comme chaque année, un groupe de danse folklorique est venu de Norvège pour un spectacle en costume national à l'intention de l'université et d'invités choisis de la communauté d'Alnwick. La mise sur pied et la gestion de toutes ces manifestations nous a beaucoup mobilisés, mes collègues et moi, à telle enseigne qu'il m'était bien difficile d'avoir ne serait-ce qu'une soirée ou un week-end libre, voire de ne pas rentrer à point d'heure tous les soirs.

Pendant un temps, Toby Jug et moi n'avons pu nous voir que brièvement, tard le soir au moment de se coucher et tôt le matin pour une tasse de thé rapidement expédiée. Quand je rentrais au cottage dans la nuit, je sortais de la voiture et sifflais. Puis j'entendais le tintement de la clochette de son collier et mon moral passait au beau fixe, tandis que Toby venait à moi en courant dans la lumière des réverbères de la rue. Il finissait toujours cet épisode de retrouvailles en bondissant sur mon épaule pour recevoir son lot de caresses et de marques d'amitié.

À l'intérieur, je nous préparais un en-cas en lui racontant ma journée. Je lui promettais également de me rattraper dès mon premier week-end de liberté. Nous irions faire une balade à pied ou un tour en voiture. Ce rythme intense s'est poursuivi quelques semaines, jusqu'à ce que les choses finissent par se calmer et que je puisse enfin m'occuper de mes affaires et me détendre chez moi avec mon chat.

Un matin, alors que Toby Jug et moi flânions dans le jardin, moi avec ma tasse de thé proverbiale et Toby en achevant de mâcher son déjeuner, nous avons entendu le cri perçant d'un oiseau vers le fond du jardin. Toby Jug est immédiatement allé s'enquérir de la chose, et je l'ai suivi. Nous sommes arrivés juste à temps pour voir un spectacle aussi triste que stupéfiant : un épervier s'envolait, emportant dans ses serres le corps d'un pic épeiche, un de mes oiseaux préférés. Tout ce qui restait de lui, c'était un petit tas de plumes à l'endroit où le rapace l'avait attrapé.

Abasourdi et affligé, j'ai repensé à toutes ces fois où j'avais pris plaisir à observer le pic sur les mangeoires accrochées dans le pommier. Toby est allé renifler les restes de duvet, avant de lever vers moi un regard semblant dire : « On ne le reverra plus. » Je me suis réconforté en me disant qu'il fallait bien que les éperviers vivent eux aussi. D'ailleurs, c'était probablement une femelle avec quelque part des petits affamés.

— Dimanche, si ça te dit, nous pourrions peut-être faire un tour pour voir où cet épervier a son nid ? ai-je proposé à Toby.

Je n'attendais pas de réponse de sa part, mais je savais qu'il adorerait une telle expédition. J'avais dans l'idée qu'un tel oiseau pourrait bien avoir un repaire dans les falaises de l'ancienne carrière au nord du bois du Cerf. Si le temps se maintenait, ce serait s l'occasion de nous dérouiller les pattes. Mais quelque chose se préparait qui allait rendre l'hiver à venir encore plus intéressant...

Sorties en calèche

On venait rarement me voir au cottage. Loin d'être une volonté de ma part, cette situation résultait du fait que je fréquentais essentiellement mes collègues, à l'université, au restaurant ou au pub. Ce n'est donc pas sans surprise que j'ai découvert un visiteur sur le pas de ma porte, un samedi matin. Au premier coup d'œil, j'ai reconnu le révérend David Martin, qui s'était arrêté un jour pour me demander le nom de Toby Jug. En fait, il était apparu que mon chat assistait à ses services à l'église.

—J'espère que vous voudrez bien m'excuser de vous déranger, mais j'ai une demande à vous faire que vous jugerez peut-être acceptable.

Intrigué, je l'ai convié à entrer pour partager un café. Il a accepté volontiers en ne tarissant pas d'éloges sur le caractère de ma vieille bâtisse. En apercevant Toby Jug, il s'est même montré encore plus obséquieux. Le chat a interrompu sa sieste sur le tabouret pour venir examiner notre hôte. Après quelques caresses à Toby, le révérend m'a gratifié d'un sourire en me demandant s'il était fondé à penser que je m'entendais bien avec les chevaux.

— Oui, effectivement. Mais pourquoi cette question ?

Il m'a alors expliqué en détail que sa femme et lui avaient fait une réservation pour des vacances en Terre sainte. Le voyage d'une vie. Cela faisait un certain temps déjà qu'ils en caressaient le projet, mais il y avait toujours quelque chose pour les empêcher de le concrétiser. Cette fois-ci, il avait l'autorisation de l'évêque et un pasteur allait le remplacer dans son église pendant son absence. Restait juste un problème pour lequel il n'avait pas de solution. J'ai fixé le regard sur son visage en me demandant bien ce qu'il pouvait attendre de moi. *Et quel rapport avec les chevaux ?*

Son épouse, m'a-t-il expliqué, avait deux poneys pour tirer une petite calèche. Régulièrement, elle parcourait les routes de campagne avec son attelage. Ces deux bêtes étaient la prunelle de ses yeux. Elle avait bien cherché à les placer pendant leur absence, mais toutes les dispositions envisagées étaient tombées à l'eau. J'ai commencé à me sentir légèrement mal à l'aise. J'entrevoyais déjà ce qui allait suivre. Lui-même s'est un peu trémoussé sur son siège, avant de lever vers moi un regard chargé de désespoir.

— Plusieurs de mes paroissiens se sont proposés pour venir nourrir et soigner les poneys, a-t-il dit, mais aucun n'a la moindre expérience en matière de chevaux, en particulier pour le maniement d'un attelage. Vous êtes mon dernier espoir. Accepteriez-vous de superviser le soin et l'entretien des deux bêtes, et de les sortir pour leur donner de l'exercice chaque semaine ?

Il s'est rassis au fond du siège, manifestement crispé d'avoir à demander de l'aide à un quasi-étranger.

Toby Jug était retourné sur le tabouret. Son attitude semblait dire : « Il faut que je me lèche les pattes. J'ai trop à faire pour m'intéresser à cette histoire. »

— Et combien de temps dure votre séjour ? ai-je demandé, un peu tendu moi-même.

— Huit semaines, a-t-il répondu un peu sèchement, effrayé à l'idée que je puisse refuser.

— Il faut que je voie les poneys avant de prendre une décision. Et puis il y a d'autres questions à considérer.

— Je suis bien sûr disposé à vous offrir un défraiement, si vous voulez bien l'accepter.

D'un geste de la main, j'ai décliné l'offre.

— Où sont gardés ces animaux ? ai-je demandé en changeant de sujet.

— Le presbytère a de grands terrains sur l'arrière. Ils s'étirent jusqu'au fleuve. Il y a deux enclos, des écuries et une grande stalle. Si vous voulez venir voir, mon épouse, Sarah, se fera un plaisir de vous montrer les lieux.

— Je n'ai jamais mené un attelage. Je ne sais pas si je saurais faire ça.

— Je crois savoir que c'est assez facile, même si je n'ai jamais essayé moi-même. Je dois bien avouer que je ne suis pas très doué avec les animaux. Et les chevaux me font un peu peur. Sinon, nous avons aussi une dizaine de poules, toutes extrêmement bonnes pondeuses. Un autre de mes paroissiens s'est proposé pour s'en occuper, mais vous pourrez bien sûr prendre autant d'œufs que vous voudrez.

— Voilà qui est assurément une incitation, n'est-ce pas Toby ? ai-je dit en souriant à la masse noir et blanc vautrée sur le tabouret, qui se désintéressait de la conversation et ronflotait doucement. La nuit porte conseil. Je vous donnerai une réponse demain, ai-je repris en m'adressant au pasteur. Vous serez absent combien de temps déjà ? Et quand est-ce que vous partez ?

— Notre départ est prévu dans dix jours. Et nous devrions revenir un tout petit peu moins de huit semaines plus tard, si nous n'avons pas de problèmes de transport.

En le voyant s'éloigner dans la rue, l'épaule basse, j'ai compris qu'il s'inquiétait que je ne sois pas en mesure de l'aider.

De retour à l'intérieur, je me suis resservi un café, tout en réfléchissant à la demande qui venait de m'être faite. *Et c'est reparti pour un tour*, ai-je songé. Je semblais destiné à passer ma vie avec des chevaux. Bien entendu, je ne pouvais guère lui opposer une fin de non-recevoir. *Mais tout de même... m'occuper de deux poneys et conduire un attelage.* Dans quoi allais-je m'engager ? Tout allait dépendre de la façon dont les deux équidés allaient m'accueillir et réagir avec moi. *Si le courant ne passe pas, ce sera non.*

Pile à ce moment-là, Toby Jug a commencé à se frotter à mes jambes pour me rappeler que l'heure du petit déjeuner avait sonné depuis longtemps et qu'il avait faim.

— Qu'est-ce que tu dirais de passer un peu de temps avec une paire de poneys ? ai-je demandé.

Il a levé un visage radieux, comme si tout irait bien du moment que je me taisais et préparais quelque chose à manger.

— Tu pourrais bien te retrouver dans une calèche. Qu'est-ce que tu en dirais ?

Je m'interrogeais, mais Toby Jug avait d'autres préoccupations en tête. J'ai donc cessé de parler pour me mettre aux fourneaux.

Le lendemain matin, je suis passé chez le révérend à 8 h 30. Comme nous étions un dimanche, je savais qu'il allait être occupé plus tard dans la matinée. Il a été submergé par l'émotion quand je lui ai annoncé que j'acceptais de superviser le soin des bêtes, mais aussi de les sortir attelés pour leur donner de l'exercice, à la condition que les deux poneys m'acceptent et que je sois en mesure de les manier facilement.

Le pasteur a disparu dans le presbytère, pour revenir un instant plus tard avec son épouse. Sarah Martin était une femme agréable à regarder, entre deux âges, qui m'a remercié avec effusion d'accepter la mission. J'ai décliné sa proposition d'entrer chez eux, arguant que je les savais très occupés, et demandé plutôt à aller voir les poneys au plus vite. Elle a immédiatement accepté et m'a fait passer sur l'arrière de la maison. Dans un enclos fermé par une barrière à cinq lisses, les poneys, à la robe brune et la crinière noire, mangeaient de la paille fraîche.

— Venez que je vous présente mes mignons, a dit Sarah Martin en marchant vers eux à grandes enjambées. Voici Joshua, un hongre, très gentil, a-t-elle poursuivi en désignant le plus grand des deux. Et elle, c'est Jezebel, s'est-elle encore exclamée avec un large sourire, en nouant ses bras autour du cou de la jument miniature. Ne sont-ils pas magnifiques ? Ils ont six ans et n'ont jamais été séparés l'un de l'autre depuis la naissance. Ils sont entraînés pour l'attelage et sont très obéissants, du moment qu'ils sont ensemble. Dans la calèche, il y a un fouet de cocher à côté du siège, mais il n'a jamais été utilisé. Et j'entends que mes poneys ne soient fouettés en aucune circonstance !

Sur ces mots, elle s'est tournée vers moi pour guetter ma réaction.

J'étais pleinement en accord avec elle, mais un peu irrité néanmoins d'être chapitré sur la question des chevaux. Je lui ai donc répondu un rien plus sèchement que je ne l'aurais fait si elle s'était montrée moins dogmatique.

—Même dans mes rêves les plus fous, je n'ai jamais envisagé de fouetter quiconque. À l'exception peut-être de ceux qui torturent les animaux. Est-ce que je me fais bien comprendre ? ai-je conclu d'un ton ferme.

—Absolument, a-t-elle répondu avec un sourire soulagé. Et vous êtes l'homme qu'il fallait pour vous occuper de mes poneys.

Les conditions de notre accord étant à peu près entendues, j'ai reporté toute mon attention sur les bêtes. Avec leurs grands yeux bruns au doux regard, ils étaient charmants. En leur parlant doucement, j'ai caressé le museau et le cou de chacun d'eux. Ils se sont laissé faire sans marquer le moindre tressaillement.

—De toute évidence, ils sont habitués aux marques d'affection, ce qui me va très bien. C'est exactement ma manière de faire avec les animaux en général, et les chevaux en particulier.

J'ai vu qu'elle appréciait ma méthode

—C'est ce que nous avions entendu dire à votre sujet, raison pour laquelle c'est à vous que nous nous sommes adressés en premier. David est tellement impressionné par votre chat qu'il a voulu me persuader d'en prendre un. On verra à notre retour.

Elle m'a ensuite fait visiter l'écurie, la stalle et la réserve de fourrage, à côté du hangar à foin. Sur le chemin du retour vers la maison, le révérend Martin est venu à notre rencontre. Il voulait à tout prix me montrer ses poules. Après m'avoir serré la main, Sarah Martin est partie de son côté, en me prévenant que les clés et les instructions détaillées pour tout ce qui concernait les poneys me seraient remises la veille du départ. Je lui ai souhaité de bonnes vacances et elle a regagné le presbytère.

Le pasteur s'est dirigé vers une partie du jardin enclose derrière une solide barrière de bois. Il m'a fait passer par un portillon menant à une cour avec un poulailler sur une étendue d'herbe, entourée d'arbres et de buissons.

— J'apprécie que mes poules aient de la place pour se promener dans la journée. Elles sont aussi près que possible de ce que veut la nature. La nuit, on les enferme pour les protéger des renards. Comme je vous ai dit hier, un de mes paroissiens, George Harding, s'occupera d'elles, mais vous pourrez prendre tous les œufs que vous voulez. Ces leghorns blanches sont de très bonnes pondeuses.

J'ai hoché la tête avec un sourire pour marquer mon appréciation de ses pratiques, puis je l'ai remercié pour sa proposition concernant les œufs frais.

— C'est tout à fait normal. Et j'aimerais aussi que vous acceptiez un défraiement de 100 livres sterling pour vos bons soins pendant notre absence. C'est beaucoup moins que ce que nous aurait coûté la mise en pension de nos bêtes dans une écurie, mais avec la satisfaction de savoir qu'elles seront heureuses et en sécurité dans leur environnement habituel.

Je me suis récrié, mais il s'est montré inflexible sur la question pécuniaire, jusqu'à ce que je finisse par accepter. Cette somme me servirait pour d'autres réparations urgentes dans la maison. En fait, je lui en étais très reconnaissant. La matinée avançant, le révérend Martin a dû s'excuser pour aller remplir ses offices cléricaux. Au moment de nous quitter, il m'a encore une fois exprimé ses remerciements, avec un tel enthousiasme que j'ai eu peur qu'il ne me serre dans ses bras. Comme je partais, Sarah est ressortie en courant avec un sac contenant une demi-douzaine d'œufs.

— Pour la semaine, a-t-elle dit. Et maintenant il faut que je file, a-t-elle ajouté par-dessus son épaule. C'est moi qui suis à l'orgue à l'église.

Comme je remontais le chemin vers le cottage, sur qui suis-je tombé ? Toby Jug. Il avait dû voir où j'allais et décidé de venir me chercher.

— Nous voici repartis dans les chevaux, lui ai-je annoncé comme nous marchions côte à côte. Mais cette fois il y en a deux. Et plein de poules.

Je me souvenais de sa prise de bec avec une poule et un coq dans la ferme de mon amie Jenny quand il n'était encore qu'un tout petit chat. Toby n'a pas prêté la moindre attention à ce que je disais, mais je savais qu'il m'écoutait. Il était simplement contrarié de n'avoir pas été convié à aller chez les Martin. *Rien de ce qui est important n'échappe à mon chat*, ai-je songé tandis qu'il marchait en silence.

Je savais d'avance qu'il allait me sommer de lui donner quelque chose de bon à manger dès notre arrivée à la maison – seule manière à ses yeux de me faire pardonner. Comme souvent les chats, Toby Jug était l'ami dévoué et fidèle des petites bouchées délicates. Régulièrement, quand j'étais plongé dans le travail, il me harcelait pour obtenir une douceur ou une autre entre deux repas. J'imaginais qu'il devait avoir des crampes d'estomac et qu'il tenait à m'en avertir en venant me miauler au visage.

Dans ce contexte, la qualité des friandises était primordiale. Parfois, un petit biscuit d'un paquet du commerce faisait l'affaire. Mais, s'il savait que j'avais de la viande cuite dans le garde-manger, il pouvait gémir sans s'arrêter un instant jusqu'à ce que j'interrompe ce que je faisais pour aller le servir. Certains jours, en application des préceptes les plus optimistes en matière d'éducation des enfants, je refusais de coopérer en lui opposant un « non » ferme et définitif. Il allait alors se cacher, attendait dix minutes, puis revenait tenter sa chance. Si je persistais, il disparaissait dans le plus pur style « je ne t'aime plus », ou s'en allait griffer le tapis avec insistance. Mis à part ces caprices, nous nous entendions bien la plupart du temps. Et je lui pardonnais généralement car il lui fallait rester seul bien souvent, et que je savais que je lui manquais.

Au cours de la semaine suivante, j'ai eu une journée de liberté, le mercredi, car l'équipe Études de l'environnement avait planifié une sortie sur le terrain à laquelle je n'étais pas tenu de participer. À la place, je suis parti en exploration de mon côté pour trouver le nid de l'épervier qui avait tué mon pic épeiche. J'avais une petite idée de l'endroit où il pouvait être, mais il nous faudrait partir tôt, probablement avant l'aube, si on voulait avoir une chance de voir le rapace.

Dans cette perspective, nous nous sommes couchés tôt le mardi soir. Pour une créature censée être de mœurs nocturnes, Toby Jug détestait se lever tant que la nuit n'était pas terminée. Je suppose que c'était le fait de vivre avec moi qui lui avait donné ce pli. Néanmoins, quand je me suis levé à 6 heures dans ce petit matin froid de novembre, il m'a suivi dans la cuisine. Il a tout de même pris soin de bâiller quelques fois, de manière à bien me faire comprendre combien ce que j'exigeais de lui allait au-delà du devoir. Après avoir englouti une poignée de croquettes, il s'est assis devant la porte pour que je lui passe son harnais. Puis nous sommes sortis dans le noir.

Comme le ciel était clair et qu'aucune lumière artificielle ne polluait l'endroit reculé où nous étions, d'innombrables quantités d'étoiles étaient visibles contre la voûte céleste. Je ne pouvais m'empêcher de m'arrêter régulièrement pour contempler ce que tant de gens ne voient jamais.

Pour contourner le bois du Cerf, nous n'avons même pas eu besoin de torche. Il nous a suffi de suivre un ruisseau qui nous a menés jusqu'à l'ancienne carrière de pierre. Au pied de la falaise du front de taille, toute la zone était envahie de buissons et de broussailles. Nous avons fait une petite pause. Dans mon sac à dos, j'avais glissé un thermos de café et une tourte à la viande du boucher de Rothbury. Pour Toby Jug, j'avais emporté deux petites tranches de porc cuit – de la même provenance –, découpées en petits morceaux. Un petit pot d'eau du robinet a suffi à étancher la soif de Toby. Installés sur une vaste pierre plate, nous avons mangé en plein air en attendant l'aube.

Peu à peu, les étoiles ont pâli et les premiers rayons du soleil ont blanchi le ciel. Toujours plongée dans l'ombre, la paroi de pierre désolée nous surplombait. Puis un rai de lumière a révélé les anfractuosités au sommet de la masse verticale. Il y a eu quelques mouvements furtifs dans les trous de la façade minérale. Dans mes jumelles, je distinguais nettement des ailes noires en train de s'agiter. Les oiseaux s'activaient pour se réchauffer après le froid de la nuit.

Fascinés, Toby Jug et moi avons suivi l'envol des premiers rapaces. À la grande frayeur de Toby, je n'ai pu retenir un sifflement de surprise en reconnaissant deux faucons pèlerins déjà lancés dans une spirale ascendante jusqu'à une hauteur stupéfiante au-dessus de la plaine. De là-haut, ils allaient attendre que le soleil réveille les ramiers et autres oiseaux chanteurs. J'ai scruté la falaise pour repérer l'épervier, mais les faucons étaient les maîtres de ce coin-là. En tant qu'oiseaux de proie au sommet de la hiérarchie, il était peu probable qu'ils partagent leur territoire. Nous avions sans doute échoué dans notre quête, mais suivre des faucons pèlerins en vol était plus qu'un lot de consolation.

Le soleil levant a fait apparaître de longues ombres autour de nous. Et j'ai pleinement pris conscience du froid matinal. En baissant les yeux vers Toby, j'ai vu qu'il frissonnait. Il était temps de rentrer pour retrouver la chaleur. Un peu plus loin, j'ai aperçu un groupe de ramiers qui prenait son envol. Là-haut, les faucons pèlerins devaient être en train de les repérer. D'ici peu, ils allaient plonger en piqué à des vitesses extraordinaires. Quel dommage qu'il fasse si froid qu'on ne puisse plus rester. Sur le chemin, nos pas laissaient des marques dans le givre blanc.

Comme nous traversions un petit bois, une silhouette est sortie de l'ombre pour me saluer. C'était Tom, qui avait quelque chose à me dire.

— La nuit dernière, j'ai vu des loutres. Une famille entière en train de nager dans la retenue d'eau sous le seuil, m'a-t-il annoncé, le souffle court. J'ai pensé que vous aimeriez le savoir.

— Merci, Tom. C'est une excellente nouvelle !

Il m'a salué d'un geste de la main. L'instant d'après il avait disparu, avalé par la pénombre sous les arbres.

— Toby, je crois que nous devrions faire un détour, ai-je dit en obliquant en direction du petit barrage sur le Coquet.

Je connaissais la retenue dont Tom avait parlé. En revanche, il n'y avait pas la moindre loutre à notre arrivée. Rien d'autre qu'une étendue d'eau parfaitement immobile dans la lumière du matin.

— Bien sûr, ai-je murmuré. Elles doivent être en train de dormir. Au chaud et à l'abri, nichées tout au fond de leur catiche souterraine.

L'évocation de cette scène m'a mis le cœur en joie. Cela et le fait que les loutres étaient en sécurité. Comme Toby avait l'air fatigué, je l'ai porté jusqu'à la maison, en lui disant combien la nouvelle de Tom m'avait fait plaisir.

Avant leur départ, j'ai rendu une dernière visite aux Martin pour leur souhaiter de bonnes vacances et voir encore une fois les deux poneys. Sarah Martin m'a également consacré un moment pour me montrer les techniques de harnachement sur le petit attelage, dans lequel les deux animaux se plaçaient côte à côte. Elle m'a aussi indiqué les commandements auxquels les poneys répondaient, puis décrit le circuit qu'ils faisaient d'ordinaire, en me précisant le meilleur endroit où les faire galoper.

Quand les Martin ont été partis, je suis allé chaque jour voir les poneys et contrôler que tout allait bien. À chaque visite, j'appliquais ma routine habituelle pour faire connaissance, en leur donnant des pommes et des carottes et en leur prodiguant des caresses et des mots de réconfort.

Dans un premier temps, Joshua ne s'est pas montré très chaleureux envers moi, contrairement à Jezebel qui accueillait avec enthousiasme mes présents. De même, au début, aucune des deux bêtes ne s'est intéressée à Toby Jug. Cependant, au fil des jours, puis des semaines, l'attitude des poneys s'est considérablement réchauffée à notre endroit. À la fin de la troisième semaine de soins quotidiens, nous étions tous devenus les meilleurs amis du monde.

Avant cette étape, je n'avais pas encore tenté de les atteler pour aller faire un tour. Néanmoins, au moins trois fois par semaine, je les promenais chacun leur tour dans l'enclos pour qu'ils puissent prendre un peu d'exercice, mais aussi se familiariser avec moi et le son de ma voix. Toby Jug a repoussé mes tentatives pour l'installer sur le dos des poneys. Peut-être était-ce à cause du souvenir de Lady May, qui nous hantait encore tous les deux.

Le quatrième week-end après que les Martin avaient embarqué était ensoleillé et doux, sans les vents glacés des fins de semaines précédentes. J'ai donc décidé de harnacher les deux chevaux. Tout d'abord, Toby Jug a joué les suspicieux, mais, quand il a vu que j'étais effectivement sur le point de partir, il a sauté à côté de moi sur la petite banquette. À peine avais-je prononcé le premier commandement – « Allez ! » – que les deux poneys s'étaient scrupuleusement élancés. Adoptant un petit trot plaisant, nous avons emprunté le chemin campagnard bordé d'arbres en direction de Longframlington.

Quand nous avons atteint la grand-route, j'ai fait un détour par Linden Hall, où je me suis arrêté au pub pour demander un seau d'eau pour les bêtes, que j'avais laissées paître sur un accotement herbeux. Pendant ce temps, j'ai commandé un verre de merlot et une assiette de sandwichs au bœuf, avant de m'installer à l'une des tables extérieures. Toby Jug a mangé la garniture de deux de mes sandwichs, puis, une fois tout mon monde reposé, abreuvé et restauré, nous avons parcouru la même route dans l'autre sens, dans le pâle soleil d'hiver, le visage baigné par une brise un peu vive.

Tout s'était passé comme sur des roulettes. Après avoir bouchonné les poneys et leur avoir donné du foin et des céréales, je les ai laissés pour la nuit en leur prodiguant des louanges. Puis je suis parti avec Toby.

Comme le temps dégagé se maintenait, j'ai fait deux autres sorties. Je commençais à apprécier d'être assis derrière les poneys à bord de la calèche, installé sur la banquette de bois garnie d'un coussin confortable. Cela me changeait un peu. Les rênes à la main, je regardais le monde défiler à un rythme bien plus majestueux qu'à bord d'une voiture.

À la quatrième sortie, je me sentais pratiquement dans la peau d'un aristocrate, comme si j'étais revenu au temps de Jane Austen. Les balades étaient relativement plus agréables dans cette configuration, car l'allure tranquille des poneys me permettait de rester détendu. Quelle délicieuse sensation que de contempler le panorama qui défilait, avec tour à tour des haies, des moutons et des vaches dans les prés, des arbres somptueux au bord des routes.

Nous sommes allés jusqu'au port et à la plage de l'estuaire à Amble, où j'ai ramassé du bois flotté à brûler au cottage. J'avais également apporté du vieux pain et des restes pour les mouettes. Elles ont fondu sur cette nourriture en poussant de tels cris stridents que Joshua a failli en perdre son sang-froid. Il ne cessait de tirer sur son harnais pour demander à repartir. Étonnamment, Jezebel restait d'une placidité à toute épreuve. Tandis que je luttais pour calmer Joshua, elle s'est tournée pour me jeter un regard compatissant, comme pour dire : « N'est-il pas pénible, celui-là ? » Au bout d'un moment passé à lui tenir la tête en lui caressant la crinière, il a fini par se calmer. Une demi-pomme à chacun a achevé de convaincre les poneys que tout allait bien et qu'ils pouvaient se détendre, profiter du grand air et souffler un peu avant de repartir.

Mes excursions en calèche m'apportaient un peu de cette solitude tranquille que j'aimais tant. À chaque sortie, je me délectais de la délicieuse compagnie de mes animaux préférés : mon chat et deux chevaux magnifiques.

La veille du retour des Martin, j'ai vérifié que tout était en ordre – et plutôt deux fois qu'une. Tout ce qui nécessitait d'être rectifié l'avait été. J'avais pansé les poneys jusqu'à ce que leurs robes brillent comme du satin. Dans mon rôle de gardien-régisseur, je veillais à ce que tout soit impeccable.

Quand ils sont arrivés, David et Sarah Martin ont été si enchantés qu'ils sont venus chez moi en personne pour me remercier. Je les ai invités à prendre le café et nous nous sommes raconté mutuellement nos aventures. Ils ont été ravis d'apprendre que j'avais pris plaisir à m'occuper des poneys. Ils m'ont dit que je pourrais dorénavant les sortir à ma guise. En plus du défraiement prévu, ils m'avaient rapporté une bouteille d'un litre d'un alcool israélien, « à des fins strictement médicales », m'avaient-ils précisé avec un clin d'œil. Je les ai remerciés à mon tour pour les œufs frais, qui avaient fait mon délice aux petits déjeuners. Ils m'ont invité à la soirée diapositives que le révérend Martin avait promis d'organiser dans l'église pour la société de préservation du patrimoine historique. Noël approchant, il y avait plein d'activités à mener à bien à l'université avant les vacances. Tout à coup, j'ai pris conscience qu'une année s'était écoulée et que j'allais devoir préparer Noël pour Toby Jug et moi. J'ai décidé que les festivités de cette année-ci seraient moins élaborées que celles de l'année précédente, mais, en plus de la dinde et du rôti de bœuf que j'avais déjà commandés, il y aurait des petits pains exotiques au sujet desquels j'avais beaucoup lu et que je comptais bien inscrire au menu. Ils ne plairaient sans doute pas à Toby, mais il ne s'en joindrait pas moins à moi pour les préparer, car il aimait participer à tout ce que je faisais.

Une fois libéré de mes obligations professionnelles, j'ai dégagé la table de bois de la cuisine et préparé tous les ingrédients pour les recettes. Pour mon premier essai, j'ai décidé de cuire un lot de bagels à la cannelle, à la pomme et au raisin.

Dans un grand cul-de-poule en verre, j'ai mélangé de la farine, du sucre, une pincée de sel, du beurre irlandais premier choix, de la cannelle moulue, plus un bâton de cannelle broyé, trois pommes du jardin coupées finement, et un paquet de raisins secs. Une fois l'eau incorporée, il m'a fallu vigoureusement mélanger tous les ingrédients – un véritable travail de force. Après cela, j'ai ajouté un verre d'eau de rose et un sachet de levure. Pour finir, j'ai versé une tasse d'un vin chaud bien corsé pour ajouter une touche festive.

Pendant ce temps, Toby Jug avait adopté sa posture dite « de la poule rousse », avec les pattes ramassées sous son corps, pour suivre mes faits et gestes avec la plus grande attention. Une fois obtenu un mélange homogène, j'ai sorti celui-ci du saladier pour le pétrir soigneusement. Après cela, j'ai remis la pâte obtenue dans le saladier recouvert d'un torchon, puis placé le tout au réfrigérateur pour laisser reposer et gonfler pendant une heure. Ensuite, passage au four pendant une heure et demie.

Épuisé par l'effort, mais heureux à la perspective d'avoir des bagels maison tout chauds, j'ai rejoint ma place au coin du feu dans le salon, escorté de Toby, un irish-coffee à la main. Pour passer le temps, j'ai écouté la *Symphonie n° 5* de Mahler.

Au sortir du four, mes petits pains dégageaient une odeur si irrésistible que j'en ai mangé un. Le pain frais encore chaud avec du beurre dessus ne fait pas partie de la tradition gastronomique anglaise, mais, à en juger par l'incomparable saveur de ce que j'ai goûté ce soir-là, il y aurait tout lieu d'y remédier. C'était une expérience gustative inédite qui valait tous les efforts consentis. Pour apaiser Toby Jug, qui ne mangeait aucun pain d'aucune sorte, je lui ai donné un peu de corned-beef, histoire qu'il n'ait pas l'impression d'être laissé pour compte.

Il ne me restait plus qu'à arrêter ma stratégie pour les derniers préparatifs de Noël. Les prévisions météorologiques ne parlaient que de froid extrême et de neige. *Quoi de neuf?* ai-je songé *C'est comme ça tous les ans.* Je venais précisément de commander du bois et du charbon pour nous tenir au chaud.

Incessamment, je pourrais aller chercher la dinde et le rôti de bœuf à Rothbury. Très probablement, je préparerais aussi le même bouillon du Northumberland que l'année précédente. J'avais également une bonne réserve de steaks dans mon nouveau congélateur pour nous maintenir en forme, Toby Jug et moi, face aux intempéries annoncées.

Il y aurait un nouveau sapin à décorer et une multitude de bougies pour créer une atmosphère et accueillir la nouvelle année. Tout du long, j'ai tenu Toby Jug informé de mes intentions. Après avoir allumé le feu et fermé les rideaux, je me suis assis face aux flammes, Toby Jug à côté de moi, à la meilleure place.

— Ces dispositions te conviennent-elles ? ai-je demandé, une manière de faire participer mon copain.

Il a levé la tête vers moi. Il avait l'air satisfait.

L'année écoulée avait été bien remplie d'aventures de toutes sortes, avec des chevaux, des loutres, des frelons et une atroce chambre de torture. Pendant un certain temps, Toby et moi avions tous deux disparu du cottage de la Hulotte – moi à l'hôpital et lui dans son repaire secret. Il était devenu un chat adulte, capable de faire face à toutes les situations sans sourciller.

— Il y a eu des hauts et des bas, mais l'année n'a pas été si mauvaise, n'est-ce pas, Toby Jug ? ai-je demandé.

À mon grand étonnement, il a levé la tête, puis sauté subitement sur mon épaule gauche pour se mettre à ronronner en poussant son museau contre mon oreille. Il me donnait sa réponse. Pour moi, sans risque d'erreur, elle était aussi positive que le soleil qui se lève, et deux fois plus lumineuse.

Mise en perspective

Quand j'ai décidé d'écrire cette histoire sur Toby Jug et la vie que nous partagions au cottage de la Hulotte, je me suis demandé à quel endroit reprendre les fils de mon livre précédent, *À pas de velours au clair de lune*. En consultant mes notes et journaux intimes, il m'est apparu que l'année 1969 avait une dimension particulière dans mon existence. C'est donc sur celle-ci que je me suis concentré. En voyant les choses depuis l'endroit où je me tiens aujourd'hui, en 2014, alors que j'arrive au bout de l'histoire, je suis vraiment ébahi de tout ce que nous avons vécu au cours de cette seule année. Je dis « nous », bien sûr, car ma vie n'aurait jamais été la même sans l'amour et la présence de mon ami maine coon, Toby Jug.

À sa mort, à la fin des années 1970, une grande part de moi-même est morte avec lui. J'étais devenu un homme différent, grandi à son contact, par la grâce de tout ce qu'il avait fait éclore en moi. Les larmes ne pourront jamais diminuer la place qu'il occupe dans mon esprit, et je pleure sa disparition pratiquement chaque jour. Je n'ai jamais vraiment pu me faire à l'idée qu'il était parti. Dans mes rêves, je nous imagine réunis, marchant de nouveau ensemble dans un jardin en Éden. Il est avec moi à l'instant où j'écris ces mots. Et il me manquera à jamais.

Aubin
IMPRIMEUR

Achevé d'imprimer en juillet 2017
N° d'impression 1705.0192
Dépôt légal, août 2017
Imprimé en France
82052055-1